GRAFOLOGÍA

MACARENA ARNÁS

www.grafologia.guiaburros.es

EDITATUM

Diseño de cubierta: © Looking4
Maquetación de interior: © EDITATUM

Tercera edición: junio de 2021

ISBN: 978-84-17681-17-3
Depósito legal: M-16455-2019

IMPRESO EN ESPAÑA/ PRINTED IN SPAIN

Si después de leer este libro, lo ha considerado como útil e interesante, le agradeceríamos que hiciera sobre él una **reseña honesta en cualquier plataforma de opinión** y nos enviara un e-mail a **opiniones@guiaburros.es** para poder, desde la editorial, enviarle **como regalo otro libro de nuestra colección.**

A mi familia y amigos por su apoyo, generosidad y cariño. Gracias por vuestra valentía concediéndome vuestras joyas gráficas, para que pueda conocer vuestra bondad y generosidad aún más de cerca.

A la Editorial Editatum y La Orden de Ayala por haber confiado en mí para escribir este GuíaBurros de grafología.

A mis ángeles, que desde arriba me siguen dando fuerzas para seguir cumpliendo sueños.

Sobre la autora

Macarena Arnás es licenciada en Derecho con estudios superiores en Marketing digital, Comunicación y Eventos. Grafóloga, Perito Calígrafo experta en Técnicas Proyectivas Gráficas y escritora.

Ganó su primer premio literario en el colegio *Nuestra Señora del Loreto* cuando tan solo tenía 12 años por su obra *Un euro con vida*. Ello la incitó para seguir escribiendo y publicar en el 2017 su primer libro de poesía y relato corto titulado *La hora de tomar el café desnudos*.

Su interés por la grafología surge desde los 10 años cuando le regalan un libro de grafología, ello le motivó para iniciar más adelante sus estudios de Grafología y Pericia Caligráfica en el Instituto de Psicografología y Peritación de Madrid. Tras finalizar sus estudios, crea una nueva cuenta de instagram llamada *La Magia de las letras* perfil dedicado a la grafología con el análisis de escritos de personajes famosos.

En el 2017 colabora en la *Revista 6 toros 6* como redactora de la sección "Grafología Taurina" analizando la firma de figuras del toreo que marcaron historia. Actualmente trabaja como Grafóloga y colaboradora en *La Orden de Ayala* impartiendo conferencias y talleres de Grafología en Teatros y Centros Culturales.

Su misión es comunicar todo lo que podemos llegar a conocer a través de la escritura, de un modo didáctico y divertido.

Índice

La magia de las letras

Aquel mundo poseía una forma cuadrada y blanca, la textura era fina y se maquillaba con la tinta del bolígrafo que escribía las distintas letras que se entrelazaban entre ellas...

Ese mundo era un papel dónde una niña escribía conceptos sobre ciencia, literatura o historia, pero lo que no sabía es que inconscientemente también se estaba describiendo a sí misma.

Cuando terminó de escribir sobre aquello que había aprendido en la escuela, le entregó su escrito a una mujer desconocida que caminaba por los pasillos del colegio. La mujer, sorprendida ante lo que le entregaba, preguntó:

—¿Eres introvertida? ¿Te cuesta expresar tus emociones? ¿Tienes creatividad? ¿Eres persuasiva?

La niña, sorprendida ante su respuesta, respondió:

—No entiendo nada, no he escrito eso en el papel ¿Cómo puedes saber todo eso de mí?

La mujer se apoyo en ella y dijo:

—Me acabas de entregar una joya gráfica. Tus letras y tu forma de escribir hablan de ti... Soy grafóloga y los grafólogos tenemos ese defecto. Dejamos de leer para visualizar las diferentes grafías, ya que esas letras son las que hablan de la inherencia de uno mismo, de nuestro subconsciente, de aquello que somos y no siempre mostramos.

La niña sorprendida preguntó:

—¿Tienes poderes?.

Ella respondió:

—Más quisiera… pero no. Soy grafóloga, y ello requiere un estudio apasionante con múltiples parámetros donde analizamos los movimientos y llegamos a una conclusión. En la escuela nos enseñan a escribir, pero no te dicen cómo debes presionar el bolígrafo, si debes unir las letras o separarlas o si tienes que hacer un garabato o poner tu nombre en tu firma. Y es esa libertad de elección a la hora de escribir la que nos define y hace que nosotros seamos capaces de conocer un poco más de nosotros. Los grafólogos no tenemos poderes, simplemente analizamos movimientos que reflejamos sin a penas darnos cuenta. Dicen que una mirada vale más que mil palabras, y yo digo que un manuscrito vale más que mil miradas.

La niña, sorprendida ante sus palabras, comenzó a investigar sobre aquello y descubrió el sorprendente mundo de la grafología.

Todo lo que no te enseñan en la escuela, pero que te facilita conocer aspectos de ti que desconoces, a ese papel yo lo llamo espejo y gracias a él aquella persona desconocida pudo identificar su alma mientras coqueteaba con la magia de sus infinitas letras.

¿Qué es la grafología?

> **ⓘ** La grafología es una parte de la psicología que estudia la letra de una persona y los diferentes rasgos que refleja en el papel de manera inconsciente.

Mucho se ha debatido sobre si realmente la grafología es una ciencia. Es cierto que algunos autores la han considerado como ciencia, pero no puede considerarse exactamente como tal, porque afirmar eso sería equivalente a decir que, por ejemplo, el teorema de Tales es una ciencia; la ciencia en ese caso son las matemáticas, y en el caso de la grafología es la psicología. Por lo tanto, la grafología es una parte de la psicología.

En la escuela nos enseñan unas pautas para aprender a escribir, pero a medida que vamos creciendo vamos adoptando una tipología de letra diferente, y esos rasgos son los que reflejan nuestra personalidad en la escritura. La grafología es una puerta abierta al autoconocimiento.

Debemos tener en cuenta que la escritura va cambiando y evolucionando a lo largo del tiempo. Por ello debemos tener en cuenta que la grafología determina rasgos de la personalidad basados en el **aquí y el ahora**, es decir, en el momento en el que se ha ejecutado un escrito.

Los cambios de la escritura guardan relación con las diferentes experiencias que vivimos.

Es normal que nuestra letra o firma no sea igual, porque nuestro carácter y comportamiento va cambiando.

¿En qué terrenos se aplica la grafología? La grafología se aplica en terrenos tan diversos como pruebas periciales en los juzgados, selección de personal en las empresas, informes psicológicos, compatibilidades de carácter, investigaciones policiales, etc.

Grafología y pericia caligráfica

No debemos confundir grafología con la pericia caligráfica. La grafología busca conocer el temperamento de un sujeto, y la pericia caligráfica estudia si una letra se ha ejecutado por la misma, o diferente mano, es decir, busca conocer al autor de un escrito. No obstante, para ser perito es necesario ser grafólogo, porque el perito debe tener en cuenta una serie de parámetros que estudia la grafología para manifestar de manera justa y objetiva si un escrito procede o no de la misma mano.

Texto y firma

Es importante distinguir entre el texto y la firma. El texto nos aporta información sobre el «yo social o manifiesto», es decir, sobre el comportamiento de una persona en la esfera social y profesional. Todo ello tiene su explicación, ya que el texto está condicionado por las pautas que nos han enseñado en la escuela a través de los cuadernos de caligrafía, condicionando la manera en la que debemos escribir un texto.

La firma nos aporta información sobre el «yo íntimo», sobre el comportamiento de una persona con el entorno más cercano, como puede ser la familia y las relaciones de pareja. Es de ejecución libre, a nadie le dicen cómo tiene que firmar, no hay pautas ni normas al respecto, pero sin embargo, sí nos enseñan ciertos patrones a la hora de redactar un texto.

EJEMPLO TEXTO Y FIRMA SIMILARES

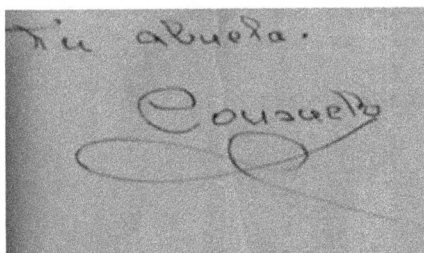

Un texto igual que la firma nos indica sinceridad, transparencia. El comportamiento es similar en la esfera social y en la esfera personal.

La persona se muestra tal y como es en ambos entornos.

EJEMPLO TEXTO DIFERENTE A LA FIRMA

Un texto en el que se observan diferencias entre el texto y la firma, nos indica ambivalencia, carácter camaleónico, el comportamiento de la persona es distinto en el entorno social y en el íntimo.

¿Qué escritos o firmas se deben analizar?

¿Cómo se debe realizar un informe de la escritura?

Para realizar un informe detallado de la escritura es necesario que la persona escriba en un folio en blanco, sin superficies, completamente liso, por un solo lado.

El tipo de útil adecuado es aquel al que esté más habituado la persona, ya sea bolígrafo o pluma, pero nunca rotulador o lápiz.

Es mejor que se realice un texto inventado con libertad a la hora de expresarse que un texto dictado. Cuanta más libertad demos a la persona a la hora de escribir, mayores rasgos de su personalidad encontraremos.

Todas estas pautas son necesarias por diversas razones:

— En primer lugar, es necesario un folio en blanco para poder ver la dirección del texto y que la persona tenga libertad de escribir sin pautas, como pueden ser renglones o cuadrículas que condicionen su escritura.
— En segundo lugar, los grafólogos no admitimos rotuladores o lápices, ya que nos impiden ver la presión con la que se ha escrito.

— Y por último, es recomendable que la persona escriba lo que quiera para permitir que imagine y así poder sacar su lado más inherente e inconsciente.

Es necesario saber la cultura gráfica y edad de la persona a la que se le realiza el estudio, para saber si tiene destreza o no, ya que no es lo mismo analizar la escritura de un anciano que probablemente tenga menos destreza, que un joven estudiante que este habituado a escribir.

También es aconsejable saber el país de procedencia de la persona, ya que por ejemplo la escritura anglosajona se caracteriza por ser más simplificada que la latina, que tiende hacer más rubricas y formas curvas.

La grafología y el inconsciente. Las zonas del papel

Una de las razones por las que la grafología nos aporta información sobre la personalidad de las personas, es por su vinculación con el inconsciente. Las personas, desde que aprendemos a escribir, reflejamos rasgos de nuestra personalidad en el papel, sin apenas darnos cuenta. En el inconsciente recopilamos todas las experiencias que marcan nuestras vivencias y moldean aspectos de nuestra personalidad; todas esas emociones las plasmamos en nuestro comportamiento y también lo reflejamos en el papel.

Los grafólogos, a la hora de analizar un estudio de la personalidad a través de la firma, nos fijamos en las zonas del papel en las que escribimos de manera inconsciente. Esas zonas son las que se encuentran a la derecha y en los finales, ya que el individuo se encuentra con más soltura que al principio de la escritura, y refleja rasgos de manera inconsciente, que nos aportan datos de su personalidad.

Todo ello lo explicaba **Max Pulver**, un grafólogo suizo de principios del siglo XX, el cual decía: «Al escribir en el papel el cielo se mueve entre el cielo y el abismo, entre el pasado y el futuro». Y en estas palabras resumía las cuatro zonas de la escritura: superior, inferior, izquierda y derecha.

— **Zona superior**: Aspectos creativos y espirituales.
— **Zona inferior**: Aspectos materiales, instintivos y prácticos.
— **Zona de la izquierda:** Pasado (madre, familia y consciente).
— **Zona de la derecha**: Futuro (sociedad, inconsciente y extroversión).

CREATIVIDAD/ESPIRITUALIDAD- ZONA SUPERIOR

PARTE CONSCIENTE

Pasado/Madre/Origen

PARTE INCONSCIENTE
(Futuro, sociedad, extroversión)

MATERIALISMO/TERRENAL/INSTINTO

Los parámetros de la escritura

La escritura tiene varios parámetros que en grafología nos aportan información sobre el carácter de una persona. Al hacer un análisis de la letra debemos tener en cuenta todos los parámetros para definir el temperamento de un sujeto. Es decir, no todos los que tienen la letra pequeña son tacaños ni todos los que tienen la letra presionada son tercos. Lo adecuado es tener en cuenta una versión generalizada de todos los parámetros en general.

No solo analizamos el tamaño de las letras minúsculas; es importante observar el tamaño de la letra mayúscula y los pies y crestas de las letras. A través del tamaño podemos descubrir una versión generalizada del temperamento de un sujeto.

Los parámetros que deben ser analizados son:

— El tamaño
— El espacio en el papel
— La presión
— La inclinación
— La forma
— La cohesión
— La dirección
— La velocidad

Tamaño de la letra

«El tamaño sí que importa»

El tamaño de las letras es una de las cosas que más llama la atención en un escrito. Es un parámetro de la escritura que nos aporta información sobre la introversión o extroversión de las personas, el control, la autoestima, las ambiciones y la improvisación, por lo tanto podemos afirmar que, al menos en grafología, el tamaño sí que importa.

Para poder calificar una letra como grande, mediana o pequeña nos basamos en una serie de medidas estándar que la grafología cataloga como letra pequeña, mediana o grande.

Medidas estándar

— **Letra grande:** Se considera una escritura grande, las letras que miden más de 4 mm.
— **Letra mediana:** Si mide alrededor de 3 mm.
— **Letra pequeña:** Si mide menos de 2 mm.

¿Cómo se mide?

Para medir cada una de las letras colocamos una regla transparente sobre el papel y la letra que queremos medir, y contamos el número de rayitas pequeñas a partir del número 0. La medida que predomine en cada una de las letras que se han medido, es la que catalogará la letra como grande, mediana o pequeña.

— **Letra grande**: Indica extroversión, generosidad, orgullo.

— **Letra mediana**: Indica control, racionalidad, equilibrio.

— **Letra pequeña**: Minuciosidad, detallismo, reserva, introversión, tacañería.

— **Letras de igual tamaño en el texto**: La escritura mantiene una regularidad en el tamaño de las letras. Indica control, constancia y represión de las emociones.

— **Letras de diferente tamaño en el texto**: La escritura presenta letras grandes, medianas y pequeñas. Muestra una personalidad con gran emotividad, cambios de humor, labilidad emocional y adaptabilidad al medio.

Tamaño de los pies y crestas de las letras

Las crestas de las letras

Son las zonas superiores de algunas de las letras, como es el caso de las letras d, f, h.

EJEMPLO DE CRESTAS PROLONGADAS

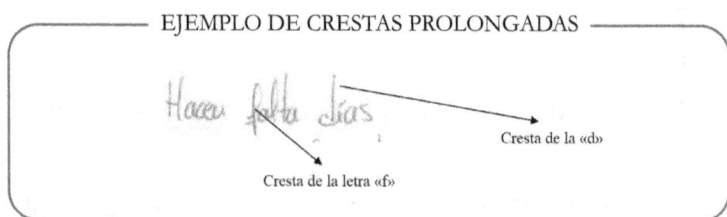

Cresta de la «d»

Cresta de la letra «f»

Es importante observar si el tamaño de la cresta es elevado y prolongado en la zona superior, en proporción con el resto de la escritura. Un tamaño elevado de crestas indica creatividad, orgullo, dotes de liderazgo, imaginación e idealismo.

Los pies de las letras

Son las zonas inferiores de algunas de las letras, como es el caso de la letra «g», y o «f».

público y de

e prácticas

Pie prolongado de la «y»

Unos pies de las letras prolongados indican materialismo, capacidad de ejecución, sentido práctico, escepticismo y una actitud terrenal e instintiva; es una persona que disfruta con los placeres primarios.

Escritura rebajada y escritura sobrealzada

Hemos señalado como es una escritura cuando predominan los pies de gran tamaño, o cuando predominan las crestas de gran tamaño, pero puede darse el caso de una escritura en el que no destaquen por su tamaño ni los pies ni las crestas (escritura rebajada) o que por el contrario predominen ambas cosas (escritura sobrealzada).

Escritura rebajada

La escritura rebajada es aquella en la que no predominan ni los pies ni las crestas de las letras, es una escritura chata. La escritura rebajada indica un temperamento práctico, realista, humilde y poco ambicioso. La persona vive el presente sin plantearse metas a largo plazo.

Escritura sobrealzada

La escritura sobrealzada es aquella en la que los pies y las crestas son prolongados. La escritura sobrealzada señala un carácter orgulloso, con grandes ambiciones tanto materiales como creativas, capacidad para ejecutar las ideas que se propone y tendencia a la autoafirmación.

EJEMPLO DE ESCRITURA SOBREALZADA

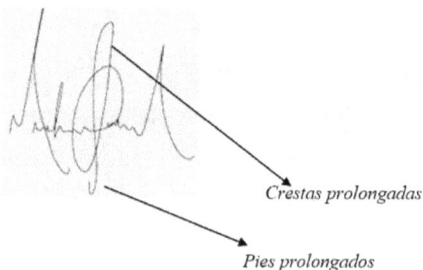

Crestas prolongadas

Pies prolongados

* Firma del cantante Michael Jackson

La letra mayúscula

La letra de la autoestima

Las mayúsculas representan la idea capital de uno mismo, la autoestima.

La autoestima de una persona está condicionada desde los primeros años de vida. Cuando somos pequeños, los padres, profesores, o cualquier persona del entorno cercano dictamina rasgos de nuestra personalidad con frases como: «eres tonto», «no puedes», etc. Todas estas frases se plasman en nuestro inconsciente y nos hacen creer que no podemos conseguir lo que queremos. La versión que tenemos de nosotros mismos es fundamental, porque condiciona nuestras ambiciones, las relaciones sociales y de pareja. Por desgracia, cada vez encuentro con mayor frecuencia escritos tanto en adultos como en adolescentes —e incluso ancianos— con una letra mayúscula de un tamaño desproporcionado con el resto de las letras, propio de sujetos con una autoestima inadecuada. Debemos aprender a ver nuestra personalidad desde un punto de vista objetivo, con habilidad para ver nuestras virtudes y defectos y sacar la mejor versión de uno mismo.

Una autoestima adecuada no es la que se encuentra ni por debajo, ni por arriba, es aquella que alcanza el equilibrio para conocernos a nosotros mismos con nuestras debilidades y fortalezas. La autoestima es el motor que nos limita o motiva a sacar la mejor versión de uno mismo.

¿Cómo medimos la autoestima es un escrito?

Para valorar la autoestima de un sujeto debemos fijarnos en el tamaño de la letra inicial: la mayúscula. ¿Es grande, mediana o pequeña? Es aconsejable observar el cuerpo central de la escritura, es decir, el tamaño del resto de las letras minúsculas que componen el escrito en proporción con la letra mayúscula.

Las mayúsculas suelen medir el doble de una letra minúscula, es decir, si una de las letras mide (2 mm), lo habitual es que la mayúscula mida (4 mm).

Las mayúsculas de un tamaño NORMAL, indican una autoestima equilibrada, la persona valora sus capacidades y es capaz de reconocer sus defectos. Señala una visión objetiva de uno mismo.

En el caso de las letras mayúsculas de la actriz Audrey Hepburn, se aprecia que la H mayúscula mide el doble de las minúsculas; esta medida indica que la actriz tenía una autoestima adecuada, siendo consciente de sus virtudes y defectos.

EJEMPLO DE TAMAÑO NORMAL DE LA MAYÚSCULA

* **Firma de la actriz Audrey Hepburn: presenta una mayúscula de tamaño normal.**

En el caso de que la letra mida más del doble, se considera que es una mayúscula de tamaño **grande**.

Unas mayúsculas grandes muestran un sentimiento exagerado sobre la idea capital de uno mismo, vanidad, dotes de liderazgo, autoridad, egocentrismo y deseos de exhibirse.

Esta necesidad de aparentar o mostrar las fortalezas es consecuencia de una autoestima poco adecuada. La persona necesita expresar sus fortalezas de manera desmedida por miedo a mostrar sus temores y defectos.

MAYÚSCULA DE GRAN TAMAÑO

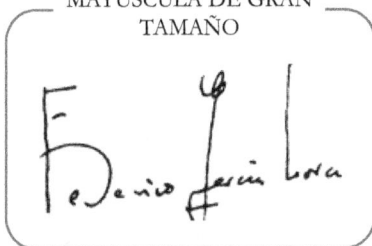

* **Firma del escritor y poeta Federico García Lorca**

En el caso del poeta Federico García Lorca, apreciamos unas letras mayúsculas exageradamente grandes, lo que nos muestra un fuerte orgullo y una tendencia a la autoafirmación.

Si mide menos del doble de una letra minúscula, se considera que la mayúscula es de tamaño **pequeño**.

Las mayúsculas pequeñas son aquellas que miden menos o igual que una letra minúscula. Señalan detallismo, inseguridad, minuciosidad, poca auto-

MAYÚSCULA DE TAMAÑO PEQUEÑO

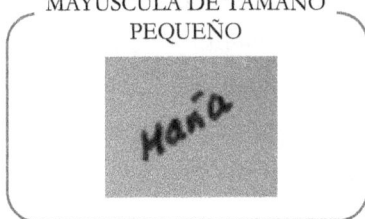

estima, capacidad de observación, tendencia a infravalorarse, humildad e introversión.

La distancia en el papel

En grafología es importante observar la distancia que deja el escritor; los espacios también hablan de nosotros y por eso nos fijamos en la distancia entre líneas y la distancia entre palabras.

La distancia en el papel refleja nuestros miedos y el vínculo o las distancias que marcamos con el entorno.

Distancia entre líneas

Las líneas pueden ser condensadas, cuando entre párrafo y párrafo no se observa casi distancia entre los renglones y a menudo se chocan los pies de alguna de las letras con las crestas, o espaciadas, cuando se aprecia mucho espacio entre las líneas y párrafos.

Líneas condensadas

Es cuando el escritor no deja casi espacio entre líneas. Las líneas condensadas son aquellas que no respetan el espacio, juntándose con los pies

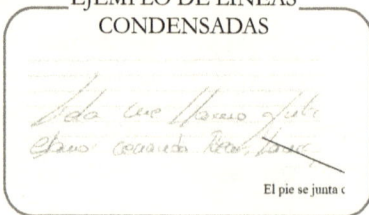

EJEMPLO DE LÍNEAS CONDENSADAS

El pie se junta c

de las letras del siguiente párrafo. Implica cierta dificultad para aclarar ideas, un carácter confiado, lanzado, así como pocos escrúpulos a la hora de entablar relaciones.

Líneas espaciadas

El autor deja mucha extensión entre los renglones.

Cuando se observa mucho espacio entre las líneas y renglones, es lo que denominamos como líneas espaciadas. Indican que la persona tiene un carácter derrochador y ciertos escrúpulos para establecer relaciones, es decir, que es selectiva con sus contactos y con el medio; también se manifiesta cierta necesidad de independencia y capacidad para reflexionar.

Distancia entre palabras

La distancia entre palabras es el espacio que el autor deja entra una palabra y otra. La norma dicta que entre dos palabras consecutivas exista un espacio equivalente a una «m».

Cuando el espacio es mayor de lo que se considera normal, supone un deseo de aclarar las ideas. El hecho de separar las palabras con exceso produce el fenómeno de la aparición de zonas en blanco dentro del texto; tales espacios son los que denominamos «cuchillos», o «chimeneas» si son muy largos.

Los «cuchillos» y «chimeneas» señalan cierta angustia, ansiedad y temores.

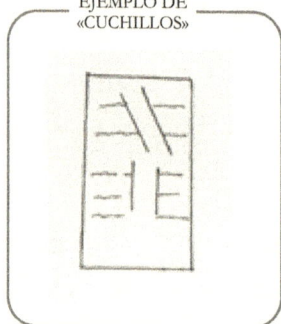

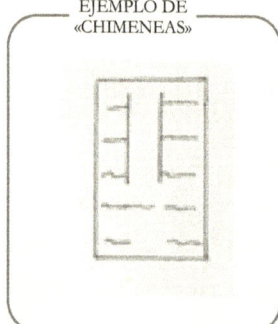

Cuando las palabras se juntan demasiado y el autor no deja apenas espacio entre las mismas, indica que tiende al subjetivismo; es decir, la persona ve las cosas desde un modo bastante personal y le cuesta admitir y escuchar opiniones ajenas.

EJEMPLO DE PALABRAS CONDENSADAS

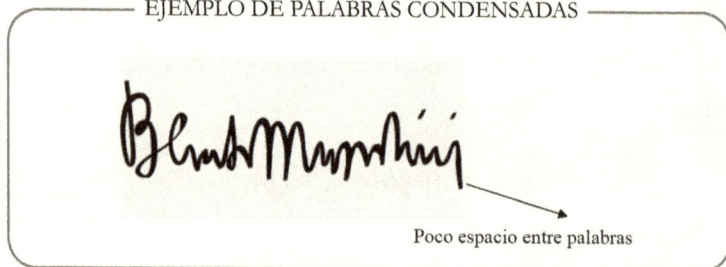

Poco espacio entre palabras

* Firma de Benito Mussolini

La firma del dictador italiano Benito Mussolini se caracteriza por no dejar espacio entre el nombre y el apellido, lo cual realza esa tendencia a ver la vida desde un enfoque pasional y poco equilibrado, guiándose desde su propio criterio y con dificultad para empatizar con personas que no compartan la misma opinión.

Presión de la escritura

El termómetro de la fortaleza

En grafología también se tiene en cuenta la presión. Esto ocurre cuando una persona aprieta más o menos un bolígrafo a la hora de escribir. Es lo que denominamos «la presión de la escritura».

La presión es un parámetro que nos aporta información sobre el estado físico de la persona, la fortaleza, la debilidad, la cabezonería y la vitalidad.

La fortaleza o la debilidad, así como la adaptación o la inflexibilidad, son rasgos que definen nuestras capacidades para enfrentarnos a los problemas. Es importante distinguir entre fortaleza física, habitual en personas jóvenes, condicionada por la salud del sujeto y que se va perdiendo a medida que vamos envejeciendo, y la fortaleza espiritual, que guarda relación con la capacidad mental y psíquica que tenemos para enfrentarnos a los problemas, y que es independiente de la fortaleza física.

A través de la presión de la escritura vamos a poder comprobar ambas fortalezas: la espiritual y la física.

Para visualizar dicho parámetro, siempre es aconsejable tener la presencia de los escritos originales y que el texto este escrito con bolígrafo o pluma, pero jamás con lápiz o rotulador.

Debemos considerar algunos factores a la hora de valorar la presión de la escritura, como el tipo de hoja que se utiliza —ya que la presión puede variar dependiendo de si es una hoja fina o satinada—, o el lugar en el que se apoya el individuo a la hora de escribir. Es uno de los parámetros más inestables.

Para medirla basta con observar cómo han quedado los trazos del papel o usar una lupa de aumento para apreciar dichos trazos.

Tipos de presión

Presión fuerte

Los trazos han sido realizados con firmeza y el útil se ha apretado. Las personas que aprietan con fuerza son realistas, pragmáticas, fuertes, cabezotas y constantes. Indica una fortaleza física resistente y una fuerza espiritual con aguante y resistencia para enfrentarse a los problemas, pero con cierta brusquedad para ceder o someterse al entorno.

Presión suave

La presión suave o fina indica que la persona se ha deslizado delicadamente sobre el papel y con menos fuerza.

Esto tipo de presión indica cierta pereza, un trato pacífico y suave, diplomacia, adaptabilidad y discreción.

Si la presión es demasiado floja puede ser un síntoma alarmante, por ser una persona que se encuentre en un momento delicado físicamente, con poco ánimo, o personas mayores que se encuentran delicadas de salud.

PRESIÓN FINA

cu

Presión pastosa

Tipo de presión que genera una sensación de suciedad, con muchas irregularidades por excesos y manchas de tinta.

PRESIÓN PASTOSA

Este tipo de presión puede señalar problemas físicos y tendencia a la melancolía. Nos señalaría una fuerza espiritual debilitada por tener dificultades para olvidar los sucesos o experiencias de la vida. Esto es solo válido cuando el bolígrafo con el que se ha escrito está en buen estado; de no ser así, no debemos catalogarlo como tal.

Presión en relieve

Se produce cuando en una misma letra hay trazos que aparecen más presionados que otros, dando así una especie de volumen o relieve de las letras. Ocurre en escrituras de personas con un gran sentido de la estética y habilidades artísticas.

Trazos suaves

Trazos fuertes

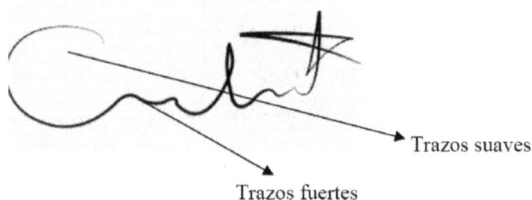

Temblores en las letras

Pequeñas vibraciones en los trazos. Es frecuente en personas mayores o personas con problemas de la enfermedad de Párkinson. En el caso de encontrarnos temblores en personas jóvenes y de buena salud física, puede señalar inseguridades y miedos.

EJEMPLO DE TEMBLORES EN LAS LETRAS

Se observan temblores en el coligamento de la escritura y en la letra «o».

La inclinación de las letras

El termómetro de las emociones. La afectividad

La inclinación es un parámetro que mide la oscilación de las letras hacia la zona centro, izquierda o derecha. Los grafólogos lo denominamos «el termómetro de las emociones», ya que nos aporta información sobre la afectividad, es decir, el modo en que la persona expresa sus emociones y la estabilidad emocional del autor.

No todas las personas que poseen una gran sensibilidad expresan sus sentimientos, ni todas las que manifiestan muestras de cariño son sensibles. Tendemos a etiquetar a las personas frías como insensibles y a las personas cariñosas como emocionales, pero es independiente: cada persona manifiesta lo que percibe de un modo u otro; algunos lo hacen repartiendo abrazos, otros gritando y algunos necesitan expresarlo por medios artísticos como puede ser el arte, la música, la escritura o la pintura. Existen diversos modos de manifestar lo que sentimos, y en eso consiste la afectividad humana.

La inclinación de la letra manifiesta la expresión de las emociones. Para medirla nos fijamos en la oscilación de las letras, no de los renglones.

Tipos de inclinación

Inclinación progresiva de las letras

El autor oscila las letras hacia la zona de la derecha de manera progresiva. Este tipo de escritura es propio de personas pasionales, impulsivas, cariñosas, sociables y con necesidad de expandir lo que sienten.

Para poder tener en cuenta si una letra oscila hacia a un lado u otro, debemos fijarnos principalmente en los pies de la escritura, trazando una línea que siga el recorrido del pie de la letra.

EJEMPLO DE INCLINACIÓN PROGRESIVA

* Firma de Eva Perón

La firma de Eva Perón se caracterizaba por tener una inclinación progresiva de las letras. Propio de personas valientes, fanáticas y con necesidad de expansión.

Cuando la letra oscila de manera excesiva hacía la parte derecha del papel, se denomina letra tumbada. La letra tumbada se da en personas que son extremadamente cariñosas y pasionales, pero también es cierto que muchas veces un exceso de inclinación muestra una extrema necesidad casi angustiosa de sentirse querido, miedo a la soledad.

Firma de la actriz Marilyn Monroe

* Firma de la actriz Marilyn Monroe (las letras oscilan hacia la zona de la derecha)

La actriz Marilyn Monroe inclinaba las letras de manera extrema hacia la derecha del papel. Este tipo de grafía revela una necesidad de manifestar todo tipo de emociones, ya sean buenas o malas, con poco control, dejándose llevar por el impulso, con criterios subjetivos, desmedidos y pasionales.

Inclinación vertical de las letras

Las letras no oscilan hacia la zona de la izquierda ni hacia la zona de la derecha. Este tipo de escritura describe el temperamento de personas que controlan la afectividad de sus emociones. Es también un signo de equilibrio, frialdad y firmeza.

momentos tengo

Inclinación regresiva de las letras

Las letras oscilan hacia la izquierda de manera regresiva. Este tipo de escritura indica un temperamento retraído, melancólico, con apego al pasado e inhibición. La persona manifiesta lo que siente de un modo pasivo y con tendencia a estancarse.

EJEMPLO DE INCLINACIÓN REGRESIVA DE LAS LETRAS

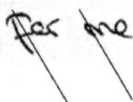

Las letras oscilan hacía la zona de la izquierda

Variaciones en la inclinación

Cuando en un mismo escrito observamos varios tipos de inclinación de las letras, esto nos indica cierta labilidad emocional, siendo la persona inestable; puede tener cierta tendencia a los cambios de humor, porque los sentimientos no están totalmente asentados. Es lo que también se denomina inclinación oscilante de las letras.

EJEMPLO DE INCLINACIÓN OSCILANTE

Siempre day

Forma de las letras

Letras curvas, mixtas o angulosas

Si la inclinación de la letra nos habla de la afectividad de una persona, la forma de la letra es un parámetro que nos permite conocer el grado de emotividad o racionalidad, si se deja llevar por la cabeza o el corazón.

Debemos tener en cuenta que es un parámetro condicionado por la cultura gráfica, ya que en algunos países predomina la enseñanza de la curva y en otros la del ángulo. En la cultura latina predomina la enseñanza de la letra curva, y en la cultura anglosajona se decantan más por la letra angulosa.

Tipos de forma

Letra con formas curvas

Se entiende por letras de formas curvas aquellas en las que predomina la curva en cada una de sus letras. No se ven ángulos ni aristas, ni formas puntiagudas. Este tipo de escritura habla de una elevada emotividad, sensibilidad, diplomacia, creatividad, dulzura, flexibilidad y un carácter de trato amable con los otros, pero también puede alarmarnos sobre cierta pereza y poca constancia.

* **Firma de Walt Disney**

La letra del animador, productor, director y guionista estadounidense Walt Disney, presentaba formas curvas, propio de personas carismáticas, idealistas, sensibles y camaleónicas.

Letra con formas angulosas

Las letras con formas angulosas son aquellas donde los trazos que aparecen angulosos deberían ser curvos. Predominan ángulos y aristas. Este tipo de letra describe temperamentos muy racionales, bruscos en el trato con los otros y tercos. La persona se entrega al deber para conseguir sus objetivos. El sujeto se somete a la razón y reprime la parte emocional.

EJEMPLO DE LETRA CON FORMAS ANGULOSAS

Letra «m» ejecutada con ángulos

* **Letra de Hitler**

La letra del dictador alemán Adolf Hitler se ejecutaba con formas angulosas y puntiagudas, propias de un temperamento obstinado que reprimía la parte emocional.

Letra mixta

Las letras mixtas son aquellas donde se aprecian trazos curvos y angulosos. Este tipo de escritura indica equilibrio entre la razón y la emoción. La persona se entrega al querer y al deber de manera equitativa.

EJEMPLO DE LETRA MIXTA

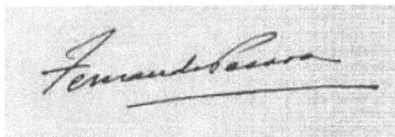

* Firma del poeta Fernando Pessoa

La firma del escritor portugués Fernando Pessoa estaba compuesta por letras con formas curvas y angulosas, propio de sujetos que se dejan llevar por la razón y la emoción de manera armoniosa, intentando buscar un equilibrio.

Las escrituras se pueden catalogar, según su forma, en caligráficas, tipográficas y filiformes.

Escritura caligráfica

Este tipo de escritura es habitual en niños, ya que todavía siguen los patrones de los cuadernos de caligrafía. En el caso de los adultos se trata de una letra con formas curvas y ligadas. Si la escritura es servil, es decir, la ejecutan tal cual la han aprendido, define un temperamento conformista, persona con poca cultura gráfica y vinculada a la educación que ha adquirido en sus primeros años de vida. Sin embargo, si la escritura es caligráfica pero con algunos rasgos personales, es lo que denominamos escritura caligráfica personalizada. Es habitual en la cultura latina y define un temperamento jovial, sensible y con mayor creatividad.

EJEMPLO DE ESCRITURA CALIGRÁFICA PERSONALIZADA

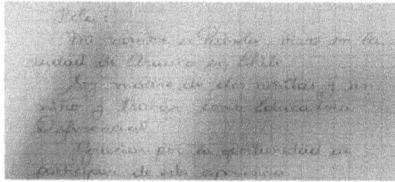

Escritura tipográfica

Es frecuente en la cultura anglosajona; es mixta con tendencia a angulosa, desligada y poco adornada. Si se da en nuestra cultura indica creatividad, control y racionalidad. Es propia de personas que buscan sus propias conclusiones sin influencias externas. El hecho de definirlas como personas creativas guarda cierta relación con que el individuo no sigue los mismos patrones que le han enseñado.

Si por el contrario, la ha ejecutado una persona con cultura anglosajona, indica conformidad y convencionalismo.

Escritura filiforme

Tipo de escritura que se ha ejecutado a gran velocidad y ha ido perdiendo su forma gráfica. Es habitual en médicos.

Denota rapidez mental, sobreactividad, tendencia a evadirse de la realidad, diplomacia, astucia, agilidad.

EJEMPLO DE ESCRITURA FILIFORME

La cohesión de las letras
Letras ligadas o desligadas

La cohesión es la continuidad de las letras en el escrito. Es el parámetro que mide el número de veces que el escritor levanta el útil para realizar las letras de las palabras. Es un parámetro importante, ya que no interviene la estética ni normas culturales; además es un factor difícil de falsificar o distorsionar.

La cohesión nos permite saber cómo se relaciona la persona con el entorno, la comunicación o el aislamiento, y la forma de asociar las ideas, pudiendo determinar si predomina la lógica o la intuición, la dependencia o independencia al medio, la voluntad del autor y la afectividad.

Tipos de cohesión

Las letras pueden estar ligadas, hiperligadas, desligadas, fraccionadas, adosadas, agrupadas o con falsas uniones:

Se considera **letra desligada** aquella escritura en la que predominan las letras separadas. Se admiten como máximo dos uniones para poder catalogarla como escritura desligada. Este tipo de letras indican mayor necesidad de independencia, reserva, capacidad creativa, control y predominio de la intuición.

El hecho de asociar un pensamiento inductivo o intuitivo con las letras desligadas, guarda relación con que la persona ejecute letras aisladas formando una palabra y llegando a un resultado. Lo mismo que ocurre con los intuitivos, los cuales son capaces de llegar a determinadas conclusiones basándose en el instinto, sin encontrar una causa desencadenante que dictamine una decisión.

EJEMPLO DE ESCRITURA DESLIGADA

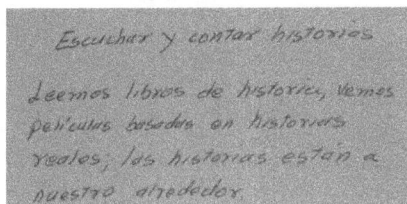

Dentro de la escritura desligada podemos apreciar varios tipos y peculiaridades: escritura fraccionada, escritura adosada o escritura con falsas uniones.

Cuando las letras se ejecutan a trazos separados, es lo que denominamos **letras fraccionadas**, cuando por ejemplo se hace una letra «d» y se realiza primero el óvalo de la izquierda y luego el de la zona de la derecha, levantando el útil en su ejecución.

EJEMPLO DE LETRA FRACCIONADA

Este rasgo indica gran intuición, sensibilidad y en algunos casos puede denotar alteraciones nerviosas, ambivalencia y ansiedad.

Se considera una **letra con falsas uniones** aquella en la que se realiza el coligamento de la letra pero no se llega a unir, dando la sensación de que la letra se encuentra ligada.

Muchas veces es difícil apreciar si realmente es una falsa unión, y es un rasgo que los grafólogos a veces debemos apreciar con lupa.

Las falsas uniones son muy comunes en casos de falsificación de documentos, donde el falsificador se detiene para pensar cómo continuar el trazo falsificado.

EJEMPLO DE FALSAS UNIONES

* **Letra del poeta Pablo Neruda**

Este tipo de cohesión indica una soledad sufrida; la persona desea sociabilizarse con el entorno, pero no puede por problemas de timidez o miedos. También señala represión emocional e introversión.

El poeta chileno Pablo Neruda ejecutaba falsas uniones, propio de personas que sufren en soledad y con cierta timidez para relacionarse con los otros.

Cuando se observa una escasa separación entre las letras sin que quede apenas espacio para realizar uniones, se trata de lo que denominamos **escritura adosada**.

EJEMPLO DE LETRAS ADOSADAS

Este tipo de cohesión desligada indica represión emocional, timidez e introversión.

Apenas se observa separación entre la letra «c» y «r»

Cuando entre las letras existe gran continuidad sin levantar apenas el útil en su ejecución, llegando a unir rasgos que no deberían permanecer unidos, es lo que denominamos como escritura **hiperligada.**

EJEMPLO DE LETRA HIPERLIGADA

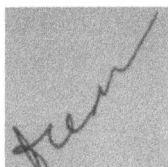

Este tipo de escritura expresa vitalidad, energía, sobreactividad, impulsividad, irreflexión y pensamiento disperso con dificultad para concentrarse.

No se levanta el útil ni para ejecutar la barra de la letra «t», uniendo las letras siguientes.

Cuando por el contrario, las letras permanecen ligadas entre ellas, pero se levanta el útil para ejecutar algún elemento de una letra, como puede ser la barra de la letra «t», es lo que denominamos **escritura ligada.**

Este tipo de cohesión revela actividad, constancia, rapidez en el pensamiento, necesidad de vinculación con los otros, dependencia al medio.

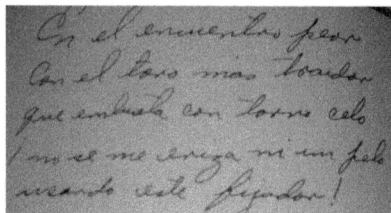

* Letra del torero Carlos Arruza

La escritura del torero Carlos Arruza nos muestra un carácter con facilidad para relacionarse con el entorno, vitalidad y facilidad de palabra.

Cuando en un mismo escrito se aprecian letras ligadas y desligadas, con intervalos de tres o cuatro letras ligadas, es lo que denominamos **escritura agrupada**. Este tipo de cohesión indica que el sujeto se relaciona con el medio según su relación con los otros, combinación del pensamiento lógico e intuitivo, selección en los contactos sociales, labilidad emocional y frecuentes cambios de humor.

EJEMPLO DE ESCRITURA AGRUPADA

La dirección de la escritura
Tu estado de ánimo

La dirección de la escritura es el parámetro más inestable de todos, porque está condicionado con el ánimo de la persona en el momento en que ha ejecutado el escrito.

La dirección también está limitada por la destreza gráfica de la persona que escribe, ya que es habitual que se encuentren direcciones oscilantes cuando la persona no está acostumbrada a escribir.

Es importante destacar que cuando hablamos de dirección nos fijamos siempre en la dirección de las líneas, subrayados o renglones que componen el escrito, no de las letras. Por lo tanto, la dirección de las líneas es un parámetro de la escritura que mide el nivel de oscilación o rectitud entre renglones.

Dirección ascendente de las líneas

Las líneas ascienden hacia la zona superior del papel este rasgo señala optimismo, la persona se muestra positiva.

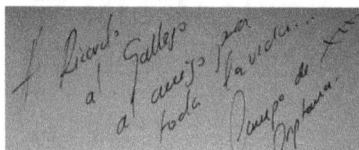

Dirección descendente de las líneas

Las líneas descienden notablemente hacia la zona inferior del papel; este rasgo denota pesimismo y un estado físico delicado, agotado o desanimado.

EJEMPLO DE
DIRECCIÓN DESCENDENTE

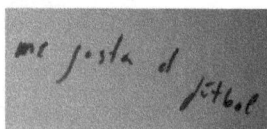

Dirección sinuosa

Las líneas oscilan hacia la zona superior e inferior del papel. Esto denota inestabilidad emocional, un estado

EJEMPLO DE DIRECCIÓN SINUOSA

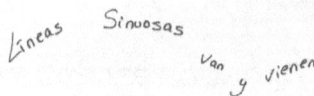

de ebriedad o problemas físicos en el momento en que se ha ejecutado el escrito.

Escritura cóncava

Se emplea este término cuando las líneas comienzan con un descenso o centradas y van ascendiendo a medida que avanza el escrito, para finalmente terminar en el margen derecho. La interpretación de estos casos indica que son personas que al principio pueden preocuparse por las nuevas situaciones, pero después avanzan sin problema.

EJEMPLO DE ESCRITURA CÓNCAVA

Escritura convexa

En este caso las letras emp iezan ascendiendo y termi nan decayendo. Este tipo de escritura nos indica que son personas que al princi pio se muestran optimistas, pero que finalmente de caen. También nos indica que puede darse en casos de personas que no terminan sus proyectos.

EJEMPLO DE ESCRITURA CONVEXA

La velocidad de la escritura
El ritmo vital

La velocidad de la escritura es un parámetro que nos permite saber la cantidad de trabajo que el sujeto está a disposición de realizar por unidad de tiempo.

Para calcularla se realiza una prueba cronometrando sesenta segundos, mientras la persona copia un texto. Si no es posible cronometrar habrá que fijarse en los rasgos que entorpecen la velocidad de la escritura o los que sin embargo la agilizan.

Rasgos que entorpecen la escritura:

- Adornos
- Ejecución muy cuidada de las letras
- Separación entre letras
- Distancia excesiva de palabras
- Ángulos
- Presión fuerte

EJEMPLO DE ESCRITURA LENTA

Joan Miró.

* Firma del artista Miró, con adorno y excesivamente cuidada

La firma del artista Miró era estética y carente de espontaneidad gráfica; por eso se cataloga como una escritura lenta. Su grafía refleja un carácter detallista, sensitivo y creativo.

Cuantos más rasgos de los citados existan, más lenta será la escritura. Una escritura lenta o moderada indica un carácter minucioso, detallista, observador, nostálgico, supervisor y precavido.

Rasgos que agilizan la escritura:

- Formas curvas
- Tamaño grande
- Letra ligada o hiperligada
- Pocos adornos
- Ilegibilidad en la escritura
- Presión fina
- Inclinación progresiva de las letras

——————— EJEMPLO DE ESCRITURA RÁPIDA ———————

* Firma del asaltante de bancos John Dillinger

La letra de John Dillinger manifiesta un carácter ágil, astuto y vehemente.

Una escritura rápida indica actividad, impulsividad y habilidad para desenvolverse.

En el caso de que pueda cronometrarse, lo normal es que se escriban entre 130 y 170 letras por segundo.

— **Escritura rápida** (más de 170 letras por minuto). Indica agilidad y sobreactividad.
— **Escritura normal** (entre 130 y 170 letras por minuto). Indica equilibrio y normalidad en la ejecución de las acciones
— **Escritura moderada** (menos de 130 letras). Indica detallismo, capacidad de reflexión y control.

Letras clave

Las letras que hablan de ti

Cada letra despierta cierto interés para los grafólogos o aquellos interesados en la grafología, aunque debemos recordar que debemos tener en cuenta todo el escrito para catalogar el carácter de una persona.

Las letras son huellas que contienen las palabras, y destellan rasgos de nuestra personalidad.

Dentro de todas las letras que componen el abecedario, hay unas que nos dan mayor información que otras.

Las letras clave o más simbólicas son:

La letra «m»: la expresión y entrega de las emociones

La letra «m» habla de la expresión de las emociones y de la manera en la que nos entregamos a los otros. El modo en el que nos abrimos con los demás y con nosotros mismos, la reserva o la espontaneidad.

La «m» puede ser en forma de «arco» o de «guirnalda».

La «m» en forma de arco

Consiste en cerrar la letra por la zona superior de la caja de la escritura. Este tipo de «m» señala diplomacia, cordialidad y reserva,

EJEMPLO DE «M» EN FORMA DE ARCO

contacto amable pero guardando las distancias, comunicación controlada, tendencia al halago.

Letra «m» en forma de guirnalda

Las guirnaldas consisten en dejar la caja de la escritura abierta por la zona superior. La letra «m» en forma de guirnalda expresa receptividad, espontaneidad, adaptación y apertura.

EJEMPLO DE «M» EN FORMA DE GUIRNALDA

La letra «d»: la letra del filósofo

La letra «d» es la letra de las ideas, de la capacidad de creación e imaginación, y nos habla de la necesidad de profundizar en temas filosóficos y poco superficiales.

Letra «d» con cresta prolongada. Cuanto mayor sea la barra de la letra «d» mayor es la capacidad de creación y la necesidad de expandir y excavar en temas trascendentes.

Letra «d» con cresta baja. La persona es práctica y terrenal. No le gusta divagar en temas profundos.

La letra «t»: la letra de la sumisión

La barra de la letra «t» nos da información sobre la capacidad de sumisión o aceptación de la autoridad.

Es una letra clave para los grafólogos que estudian el perfil de una persona que va acceder a un determinado puesto de trabajo; sirve de apoyo para analizar el grado que tiene un sujeto para aceptar órdenes o dirigir equipos.

Una letra «t» con una barra alta indica que la persona tiene dificultades para aceptar órdenes de los otros, tiene autoridad y dotes de liderazgo, le gusta dirigir.

EJEMPLO DE «T» CON BARRA ALTA

Una letra «t» con una barra baja manifiesta sumisión, capacidad de ejecución de tareas. La persona acepta órdenes de otros.

EJEMPLO DE «T» CON BARRA BAJA

Una letra «t» con una barra de la letra ni muy baja ni muy alta, señala equilibrio. La persona acepta órdenes de manera equilibrada, no es sumisa pero tampoco le gusta dar órdenes a los demás.

La letra «g»: el «punto g» de la escritura

La letra «g» nos aporta información sobre la sexualidad de la persona, la predisposición hacia la parte más instintiva y los sentidos más primarios.

Es una letra clave cuando se elaboran informes donde se estudia la compatibilidad de pareja. Cuanto más grande y pronunciado sea el pie, mayor interés sexual y apego hacia los demás a nivel sexual.

También es importante observar si la letra «g» se encuentra ligada a las otras letras o no.

Cuando se encuentra unida al resto de las letras señala contacto con los otros y pocos escrúpulos para entablar relaciones sexuales.

EJEMPLO DE «G» LIGADA

angelillo

Cuando se encuentra desligada con respecto a las otras letras, señala mayor selección con las personas para entablar relaciones sexuales y un carácter selectivo y con ciertos escrúpulos.

EJEMPLO DE APERTURA POR LA DERECHA

largo

Con respecto al pie de la letra «g», debemos observar si el pie se prolonga notablemente hacia la zona inferior del papel. Un pie excesivamente prolongado

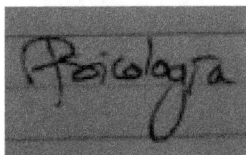

EJEMPLO DE «G» CON PIE PROLONGADO

señala sexualidad activa, instinto, y vinculación hacía los placeres primarios e instintivos. Si además es curvo indica seducción y elevada carga emocional.

EJEMPLO DE «G» CON PIE PEQUEÑO

Si por el contrario, el pie de la letra «g» apenas se prolonga y presenta un tamaño menor con respecto al óvalo superior, nos estará indicando poco interés a nivel sexual; la persona está más conectada con la parte espiritual.

Cuando el pie de la letra «g» es prolongado y curvo, pero no se cierra nos indica un temperamento coqueto y seductor, pero con ciertos escrúpulos para entablar relaciones sexuales. La persona prefiere cortejar.

EJEMPLO DE «G» CON PIE SIN CERRAR

Si el pie de la letra «g» presenta formas angulosas, indica represión sexual, bloqueos, y en algunos casos puede presentar cierta agresividad.

La letra «a»: la expresión de las emociones superficiales

La apertura de la letra «a» minúscula señala el grado de comunicación con los otros, la comunicación superficial que se puede establecer sobre temas exteriores y cotidianos, pero no sobre uno mismo.

Es importante observar si se encuentra abierta por la zona de la derecha o de la izquierda, ya que la apertura hacia la zona de la de-

EJEMPLO DE APERTURA POR LA IZQUIERDA

recha indicaría comunicación y extroversión, pero si el óvalo se encuentra extremadamente abierto nos muestra

EJEMPLO DE LETRA «A» CERRADA

que el individuo tiene con poca facilidad para guardar secretos. Si se encuentra abierta por la izquierda, señala introversión y timidez.

La letra «o»: la letra de la comunicación íntima

La letra «o» nos habla de la expresión más profunda de nosotros mismos, del modo en que desnudamos nuestros miedos, nuestras sensaciones, las vivencias que nos marcan.

Si se encuentra abierta por la zona de la derecha señala extroversión y facilidad para hablar de nuestra intimidad; la persona muestra lo que siente.

En el caso de que se encuentre abierta por la izquierda señala de nuevo introversión, tendencia a encerrarse y discreción.

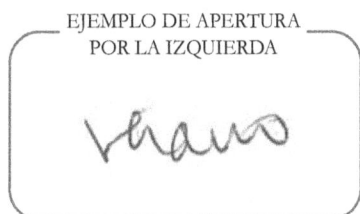

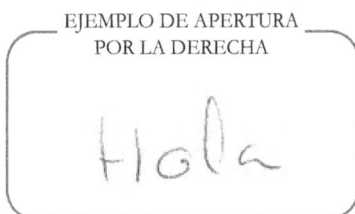

Si por el contrario se encuentra cerrada, indica reserva y timidez.

Cuando los óvalos de la letra «o» y «a» se encuentran pinchados, es decir, el autor ejecuta un trazo en modo de pincho en el interior del óvalo, nos muestra una personalidad con tendencia al reproche, falta de autoestima y descontento. Se expresa con inflexibilidad y recriminación.

EJEMPLO DE ÓVALOS
PINCHADOS

La letra «i»: la letra de la precisión

La letra «i» señala la capacidad de detallismo, minuciosidad y observación.

Nos habla de la habilidad para sintetizar, puntualizar y examinar.

Cuanto más centrado se encuentra el punto, mayor será esa capacidad de detallismo y observación.

mis uno

Veinte

Cuando está situado hacia la zona de la derecha, menor será esa capacidad de detallismo y la persona tenderá al despiste.

Si está muy arriba, indica mucha imaginación y personas con tendencia a evadirse de la realidad.

Cuando el punto de la «i» se encuentra inflado señala coquetería y vanidad.

bendiciones

Si no se pone el punto indica distracción.

La letra «f»: la letra de la felicidad

La letra «f» nos aporta información sobre las ambiciones de una persona y lo que antepone en su vida para ser feliz.

La humanidad persigue la felicidad, como si fuera algo externo a ellos, olvidando que la felicidad se encuentra dentro de nosotros. Podemos ser felices viajando o disfrutando de una buena comida con amigos, pero para otros el hecho de comer supone un sacrificio. Cada persona asocia la idea de la felicidad a un momento, a una sensación o a un sueño que quiere cumplir y que por lo tanto le produce placer y alegría.

La letra «f» es una letra que se compone de pies y crestas, y el hecho de que un pie tenga mayor tamaño o una cresta, nos da valor sobre lo que nosotros damos mayor importancia para encontrar nuestra felicidad, si valoramos más la parte terrenal, instintiva o la parte espiritual.

Una letra «f» con crestas infladas señala que la persona se mueve más por la parte idealista y creativa, y encuentra la felicidad creando o imaginando.

EJEMPLO DE CRESTAS INFLADAS

flamenco

EJEMPLO DE PIE PROLONGADO

fé

Si por el contrario, la letra «f» aparece con pies prolongados, esto indica que el sujeto se mueve más por la parte instintiva y encuentra placer en los sentidos más primarios y pragmáticos, como comer, la sensualidad, lo material y aquello más realista y pragmático.

La letra «c»: la letra del cariño

La letra «c» es una letra considerada como la exponente de los afectos, de la necesidad de cariño y la afección.

A mayor apertura de la letra «c», mayor facilidad para dar cariño. Cuando, por el contrario, se encuentra cerrada con bucles o espirales, manifiesta reserva de los afectos y protección.

EJEMPLO DE LETRA «C»

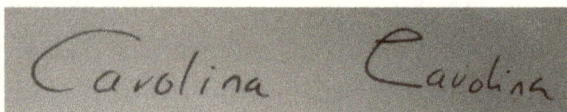

Gestos tipo
Los detalles marcan la diferencia

Los gestos tipo son detalles que realizamos en la escritura de manera inconsciente. Son trazos que ejecutamos con libertad y que aportan valor a la interpretación de un escrito.

Se dan cuando hay entrenamiento gráfico y psicomotricidad; pueden tener formas curvas o angulosas y aparecer en la firma, texto o cualquier otro parámetro de la escritura.

Gestos tipo con formas curvas

Bucles

Tendencia a cerrar espacios más o menos amplios con gestos curvos para dar prolongación al escrito ligándolo con las siguientes letras. Se pueden observar

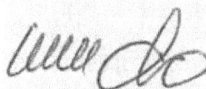

EJEMPLO DE BUCLE EN LA LETRA «D»

con frecuencia en las letras «a», «d», o «g». Los bucles señalan diplomacia, comunicación controlada e imaginación.

Inflados

Se trata de un gesto curvo exageradamente amplio y con grandes dimensiones. Los inflados indican ego-centrismo, orgullo y vani-dad. Si aparecen en los pies de las letras señala excesos instintivos. Si por el contrario se dan en las crestas de las letras indica orgullo, soberbia y dotes de liderazgo.

Lazos

Los lazos son bucles en-trelazados. Manifiestan habilidad manual, tacto en el trato con los otros, vanidad, cordialidad, sim-patía.

EJEMPLO DE RÚBRICA EN FORMA DE LAZO

Nudos

Lazos en sentido regresivo que cruzan los trazos. Los nu-dos definen un temperamento desconfiado, diplomático, retorcido, represivo, mentiroso y carente de espontaneidad.

EJEMPLO DE NUDO GRÁFICO

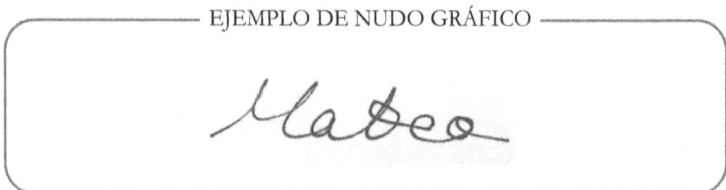

Golpe de látigo

Trazo que retrocede para avanzar a la zona de la derecha. Es frecuente encontrarlo en rúbricas. El golpe de látigo indica actividad, energía, agilidad, rapidez mental y dotes de liderazgo.

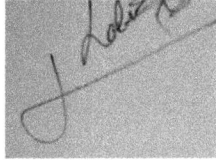

EJEMPLO DE GOLPE DE LÁTIGO

Gancho

EJEMPLO DE GANCHO

Pequeño trazo con formas curvas que aparece al principio o al final de las letras. Los ganchos señalan cordialidad, apropiación de afectos, egoísmo y posesividad.

Uña de gato

Gesto curvo que retrocede hacía la zona de la izquierda del papel por las zonas inferiores de las letras. Dicho trazo refleja una actitud combativa e hiriente, agresividad pasiva, egoísmo y protección.

EJEMPLO DE UÑA DE GATO

Espiral

Gesto curvo que se desarrolla sobre sí mismo con movimientos circulares.
Indica diplomacia, control, preocupación por la estética, coquetería, vanidad y deseos de gustar.

EJEMPLO DE ESPIRAL

Gestos tipo con formas angulosas

Triángulos

EJEMPLO DE TRIÁNGULOS

Movimientos triangulares que se observan tanto en los pies como en las crestas de las letras. Los triángulos indican rebeldía, personas a las que les cuesta someterse, tendencia al reclamo. Si los triángulos aparecen en los pies de las letras indica bloqueos emocionales.

Arpones

Pequeñas aristas que se ejecutan en los finales de las letras. Los arpones indican terquedad, bloqueos emocionales, carácter inflexible, irritabilidad.

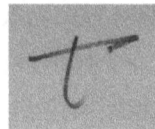
EJEMPLO DE ARPÓN

Golpe de sable

EJEMPLO DE GOLPE DE SABLE

Gesto habitual en las rúbricas con forma angulosa, que se genera también en algunas letras con velocidad, originando aristas en la zona de la izquierda o derecha.

El golpe de sable indica energía, prontitud en la defensa, carácter luchador, autoridad, actitud dominante y nerviosismo.

Rasgo del escorpión

Trazo diminuto con formas angulosa que se genera en los pies de las letras.

EJEMPLO DE RASGO DEL ESCORPIÓN

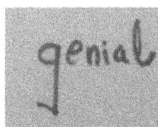

Dicho rasgo muestra un carácter irónico, irritable, hiriente y con bloqueos internos.

Colmillo de jabalí

COLMILLO DE JABALÍ

Gesto tipo anguloso similar al rasgo del escorpión, pero que aparece al final de las letras dirigiéndose hacía la zona superior. El colmillo de jabalí indica brusquedad, sarcasmo e irascibilidad.

Otros gestos tipo

Acerados

EJEMPLO DE ACERADO

Gesto amplio que se genera al final de las letras alternando la presión. Los acerados indican sobreactividad, impulsividad, variabilidad y labilidad emocional.

Mazas

Alteración de la presión, generando pequeñas manchas en los finales de las letras. Las mazas muestran tenacidad, terquedad, resistencia, dominio.

EJEMPLO DE MAZAS

Rasgo del procurador

EJEMPLO DE RASGO DEL PROCURADOR

Gesto tipo que se forma en los finales de las letras, generando pequeñas líneas horizontales prolongándose hasta el final del margen derecho. El rasgo del procurador indica desconfianza, cautela y exceso de actividad.

La firma
Tu identidad

La firma es el logo que ejecutamos con total libertad para plasmar nuestra esencia. Representa el «yo auténtico», el verdadero, la personalidad inherente y profunda, porque es de ejecución libre y no está condicionada por las diferentes pautas y límites que se establecen en la escuela.

No nos dicen cómo debemos firmar, pero cuando aprendemos a escribir nos dan ciertas pautas para que respetemos los márgenes en el papel o guardemos cierto orden en un texto.

¿Qué nos aporta la firma?

La firma nos da información sobre:

— La idea capital de uno mismo
— Los miedos
— La creatividad
— La relación con la familia y la pareja

Elementos de la firma

La firma puede estar compuesta por nombre, nombre y apellidos, rúbrica y adornos.

El hecho de poner un apellido, los dos apellidos o solo el nombre, nos da información sobre las prioridades del autor.

Dentro de la firma encontramos varios elementos:

- **El nombre propio**: El nombre de pila que representa el «yo» íntimo, la vida personal y la idea capital de uno mismo.

- **El primer apellido**: Elemento de la firma que simboliza la figura paterna, el ámbito profesional, las ambiciones.

- **El segundo apellido**: Componente de la firma que se asocia a la vinculación con la madre y a la esfera íntima, los hijos, la protección, el instinto.

- **La rúbrica**: Elemento de gran peso en la firma, denominado por algunos autores como «el termómetro del miedo», ya que nos indican que a mayor rúbrica, mayor miedo o desconfianza al medio, por temor a que se descubra nuestra intimidad o puedan falsificar nuestra identidad.

- **Los adornos**: Cualquier añadido que se hace a la firma, y que no sea ni nombre ni apellidos ni rúbrica, nos aportan información sobre la creatividad y el detallismo del sujeto. Dichos adornos indican un fuerte sentido de la estética, capacidad de observación y minuciosidad.

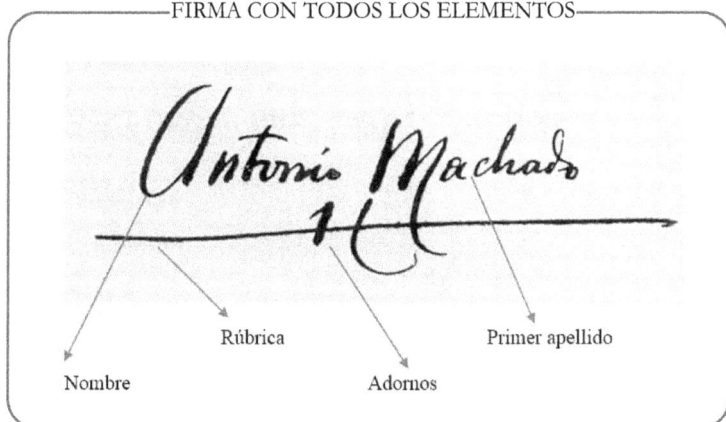

FIRMA CON TODOS LOS ELEMENTOS

Rúbrica

Primer apellido

Nombre

Adornos

* Firma del poeta Antonio Machado

El hecho de poner el nombre y el primer apellido sin destacar uno sobre otro, señala que la persona da la misma importancia a la vida personal y a la vida profesional.

La rúbrica es un subrayado sencillo, sin tachar el nombre, lo cual nos muestra que la persona se muestra tal como es, pero con cierta tendencia a autoafirmarse.

Los adornos, situados en la zona inferior en forma de comillas manifiestan esa capacidad de observación y detallismo.

En definitiva, la grafía del poeta Antonio Machado revela un carácter observador, orgulloso, detallista y sensitivo.

Tipos de firmas

Firma compuesta por solo el nombre

Este tipo de firma es habitual en niños o cuando escribimos una carta o una nota a algún familiar o a un amigo cercano.

Si en la firma solo aparece el nombre de pila, habitualmente esto nos muestra un carácter jovial, directo, cercano y que da mayor importancia al plano personal o familiar, sin a penas valorar el entorno profesional.

Firma compuesta por el nombre y el primer apellido

Este tipo de firma es frecuente, e indica que la persona da importancia al plano íntimo y al profesional.

Es importante apreciar si se observan diferencias entre el nombre y el primer apellido.

Si el nombre es más grande que el apellido, esto nos muestra que la persona da más importancia al plano personal que al profesional, y en ocasiones también puede indicar egoísmo.

Cuando el nombre se encuentra situado por encima del primer apellido, es lo que denominamos como firma dividida en dos planos. Este tipo de firma indica que el sujeto tiende a separar la parte personal de la profesional;

también define un temperamento creativo y rebelde, con dificultad para acatar normas.

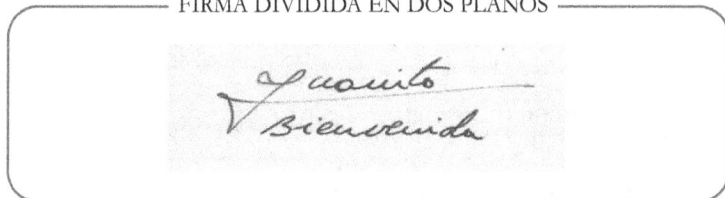

* Firma del torero Juanito Bienvenida

La firma del torero Juanito Bienvenida refleja creatividad y sensibilidad. El hecho de dividirla en dos planos con el nombre por encima del apellido nos indica que el torero separaba la vida personal de la profesional, con tendencia a imponer su criterio y con dificultad para acatar normas.

Cuando por el contrario, el primer apellido presenta mayor tamaño o notoriedad con respecto al nombre indica que la persona da mayor importancia al plano profesional que al personal. También manifiesta que la persona percibe la vida profesional como una parte indispensable en su vida íntima.

Cuando en la firma se tacha el nombre o la inicial, nos alarma sobre ciertas inseguridades a nivel personal, y si por el contrario se tacha el primer apellido indica que los conflictos proceden del plano profesional o conflictos con la figura paterna.

* Firma del dictador Francisco Franco

La firma del dictador español Francisco Franco tacha algunos elementos de la inicial y el primer apellido, lo que manifiesta poca autoestima, inseguridad y un carácter complicado. La persona mostraba cierta reserva e introversión con sus allegados.

Si no se aprecian diferencias entre el nombre y el primer apellido, la firma nos muestra que la persona da la misma importancia al plano personal y al profesional.

FIRMA SIN DIFERENCIAS

Firma compuesta por nombre y los dos apellidos

Cuando se escribe el nombre junto a los dos apellidos escribiendo el segundo apellido al completo, nos muestra que el sujeto tiene un fuerte apego a la figura materna. En el caso de las mujeres define un carácter protector, instinto materno y un fuerte vínculo a la madre. En el caso de los hombres muestra gran apego a la figura materna o dependencia a las mujeres. La persona da mayor importancia a su familia y tiene muy arraigada la educación adquirida por parte de su madre.

FIRMA COMPUESTA POR NOMBRE Y DOS APELLIDOS

Si por el contrario el segundo apellido está escrito, pero se encuentra tachado, señala cierto rechazo a la madre o conflictos con la misma. Es habitual en adolescentes.

Firma compuesta por solo rúbrica

La rúbrica es un garabato de ejecución libre que se puede hacer junto a otros elementos que componen la firma, o simplemente hacer la rúbrica sin ningún otro elemento.

FIRMA COMPUESTA POR SOLO RÚBRICA

Cuando la firma únicamente tiene rúbrica, sin ningún otro elemento de los descritos anteriormente, manifiesta un temperamento reservado, misterioso y desconfiado frente al medio.

Es importante apreciar la forma de la rúbrica y la dirección o inclinación de la misma.

Firma con adornos

Los adornos son cualquier elemento añadido que se hace en la firma y que no sea ni el nombre, ni los apellidos, ni la rúbrica. Los adornos puede ser un punto, comillas, un dibujo, etc.

Sirven de remate en la ejecución de la firma. Indican un fuerte sentido de la estética y una tendencia a mirar atrás, capacidad de síntesis,

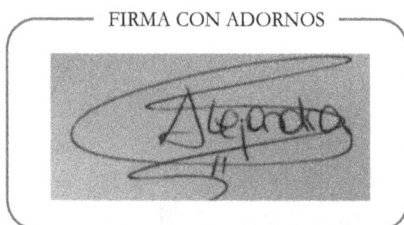

FIRMA CON ADORNOS

análisis, control, observación, perfección y detallismo.

Firma en mayúsculas

Cuando la persona firma en mayúsculas refleja que el sujeto tiene cierta tendencia a generalizar, sin profundizar en exceso en los problemas personales. Presenta una visión optimista y evasiva ante las dificultades. Habla de claridad y un trato directo con los más allegados, pero con reserva para hablar de sus problemas más recónditos.

Otro aspecto relacionado con la firma en mayúscula es la dificultad para acatar órdenes en su vínculo más cercano, con tendencia a liderar a sus familiares o amigos.

Firma compuesta por iniciales

El hecho de omitir el nombre al completo o el apellido ejecutando la firma con iniciales señala que el sujeto es propenso a protegerse en su vida personal, mostrando cierto misterio y seducción.

FIRMA COMPUESTA POR INICIALES

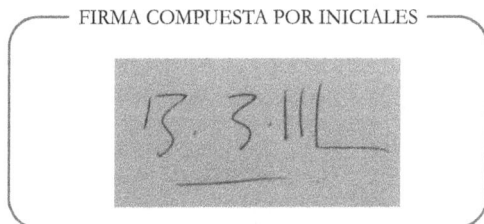

Firma que finaliza con un punto

Tipo de firma que termina su ejecución con un punto.

El punto es un añadido que se añade al final, es un adorno que compone la firma.

Es un trazo consciente que muestra un carácter racional, con facilidad para cortar relaciones o situaciones que le afectan, que nos habla de personas con un carácter incisivo y tajante.

La evolución de la firma

Al igual que nuestra letra cambia a lo largo del tiempo, nuestra firma también. Los cambios en la firma guardan relación con las experiencias que nos marcan y van moldeando nuestro carácter. También se asocia a la madurez personal y a la búsqueda de nuestra identidad y autoafirmación.

Lo habitual es que la firma vaya simplificándose a lo largo del tiempo, buscando cada vez mayor agilidad, espontaneidad y soltura.

Etapas de la firma

El garabato

Los garabatos o dibujos son habituales en niños menores de siete años. No se puede considerar como firma porque el niño no es consciente ni tiene una psicomotricidad adecuada.

La primera firma

Suele ser legible y componerse de nombre y apellidos. Este tipo de firma suele ser la primera que hacen los niños cuando firman por primera vez para hacerse el DNI o pasaporte, a partir de los ocho o nueve años aproximadamente. En la primera firma es normal que el niño repita algunos trazos que ha visualizado en la firma de sus padres.

EJEMPLO DE PRIMERA FIRMA

La firma del adolescente

La etapa más complicada en el desarrollo de la firma se da entre los doce y dieciocho años. En la firma de los adolescentes es frecuente encontrar rúbricas complicadas o elementos tachados, borrando su propio nombre o algún apellido.

Es una firma en la que se visibilizan los conflictos con alguno de los progenitores, haciendo compleja a la misma, con rúbricas y recorridos extraños por los miedos que corresponden al momento.

La firma del adulto – joven

La firma del adulto-joven es habitual entre los jóvenes de veinte y treinta años. Es una etapa que se asocia a la incorporación al entorno laboral, la firma que se suele ejecutar en los primeros puestos de trabajo. En esta etapa es usual que la persona reduzca el nombre y de mayor visibilidad al primer apellido (la parte profesional).

La firma tiende a simplificarse, y en muchos casos pierde legibilidad.

La firma en el adulto

Este tipo de firma se da en torno a los treinta años. La firma presenta pocos cambios, y en el caso de que se aprecien suelen aparecer en los trazos finales porque es la parte más inconsciente. Es una etapa donde la persona puede presentar pequeños cambios en su personalidad sin tomar consciencia de ellos.

La firma gana agilidad y espontaneidad.

La firma en la vejez

Última etapa. Firma que se ejecuta en edades ancianas donde la persona va perdiendo psicomotricidad. Se suelen apreciar cambios en la presión de la letra, con temblores y trazos débiles que suelen guardar relación con el estado físico del sujeto.

Tipos de firma en una misma persona

Según la utilidad que demos a la firma se puede ir modificando, dependiendo del entrono o para quién vaya dirigida.

Estos tipos de firma son:

Firma oficial

Aquella que se hace en documentos oficiales tales como el DNI, contratos, pasaporte, etc.

Suele ser más completa, compuesta por nombres y apellidos, y la que mayor información aporta sobre el carácter de una persona. Es la firma que contiene mayor autenticidad del autor.

El visé

Firma formada por trazos ilegibles. El autor busca la rapidez y agilidad en la firma. Es habitual en personas que tienen que firmar con frecuencia. Refleja capacidad de síntesis y creatividad.

EJEMPLO DE FIRMA VISÉ

La firma amigable

Este tipo de firma es aquella que se suele utilizar en cartas de felicitación o notas para familiares o amigos. Lo normal es que esté compuesta por el nombre de pila o el apodo, y una rúbrica sencilla en forma de subrayado. En este tipo de firma el autor busca la claridad o cercanía; por eso es una firma sencilla y legible.

La firma artística

Es la firma estética y creativa que utilizan los artistas, escritores o creativos para sus obras artísticas. Lo normal es que aparezcan formas llamativas y originales. El autor busca la originalidad.

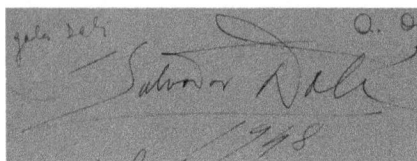

* Firma del artista Salvador Dalí

El pintor Salvador Dalí ha dado mucho trabajo a los peritos calígrafos por su ambivalencia y cambios a la hora de firmar cada una de sus obras. Fue un personaje que cambió su firma artística en numerosas ocasiones. Sin embargo, en todas ellas se pueden apreciar rasgos que definen un temperamento creativo y con cierta labilidad emocional.

La firma notarial

Firma que presenta formas complicadas, levantamientos de útil, recorridos extraños y alteraciones en el ritmo y la dirección para dar fe a un tema o acto y evitar futuras falsificaciones. Si este tipo de firma se da en alguien que no es notario, indica que la persona es complicada y misteriosa, por la elevada complejidad que presenta la grafía.

Colocación de la firma en el papel

Tal y como se explica en los primeros capítulos, el texto nos aporta información sobre el «yo social» y el comportamiento de una persona en el ámbito profesional y las relaciones superficiales. Y por otro lado, la firma se asocia al «yo íntimo», al comportamiento de una persona en el ámbito familiar, en su relación de pareja o con sus allegados más próximos.

Cuando a una persona se le hace un informe grafológico, se le pide que escriba en un folio en blanco un texto que ocupe aproximadamente una cara de un folio y que finalmente firme.

Habrá personas que firmen en la zona de la izquierda, otras lo harán en la parte derecha del papel, mientras que otras, sin embargo, lo harán en el centro. Aquí de nuevo volvemos a regirnos por la teoría de Max Pulver sobre las diferentes zonas del papel.

Firma ubicada en la zona de la izquierda con respecto al texto

- **Una firma ubicada en la zona de la izquierda** indica nostalgia, persona apegada al pasado, dependencia a la figura materna o a la familia, carácter protector, sujeto casero que disfruta en su zona de confort, introversión, rencor.

FIRMA SITUADA A LA IZQUIERDA

87

- **Una firma centrada con respecto al texto**, es decir, que la persona la ejecuta en la parte central del folio, nos muestra un carácter controlador, persona que busca el equilibrio, tendencia a la introversión, capacidad de planificación, frialdad.

FIRMA SITUADA EN EL CENTRO

- **Una firma ubicada en la zona de la derecha con respecto al texto** indica extroversión, persona poco familiar, independiente, impulsividad, carácter pasional, amante de los viajes, necesidad de expansión.

FIRMA SITUADA A LA DERECHA

Firmas invasivas, alejadas o comunes con respecto al texto

Es importante observar el espacio que se deja entre el texto y la firma. Si la firma invade parte del texto rozando alguna de las palabras del texto, es lo que se denomina **firma invasiva**.

Es propio de personas que pueden llegar a coger confianza muy rápido con los otros, sujetos que a veces pueden tener actitudes agobiantes, individuos que pueden comprometerse muy rápido con personas que apenas conocen.

Si la firma se debe realizar en algún tipo de cuadrícula y la persona no respeta el espacio asignado indica rebeldía, esto refleja una tendencia a contradecir las normas.

FIRMA QUE INVADE EL TEXTO

Si por el contrario, la persona deja bastante espacio entre el texto y la firma, nos encontramos ante una **firma espaciada o alejada**. Este tipo de firmas indica que la persona guarda distancias con los desconocidos; son sujetos que separan la vida íntima de la profesional, con ciertos escrúpulos para entablar relaciones, orgullo y actitud protocolaria.

FIRMA EXCESIVAMENTE SEPARADA

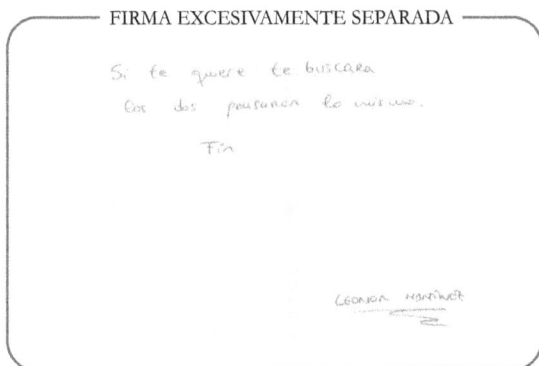

Si la firma guarda un espacio normal entre el texto y la firma muestra cierto equilibrio, se da la misma importancia al plano profesional que al personal o íntimo, equilibrio entre introversión y extroversión. Sujetos que mantienen armonía y diplomacia con los otros.

FIRMA CON ESPACIO NORMAL

Diferencias de la firma con respecto al texto

Cuando se presenta oposición entre el texto y la firma, nos muestra de nuevo ese cambio de comportamiento entre el «yo social o yo manifiesto» y el «yo íntimo».

Dentro de todos los parámetros de la escritura, existen cuatro que tienen más peso en relación con los cambios entre el texto y la firma. Dichos parámetros son:

— Presión
— Inclinación
— Cohesión
— Forma

Cambios en la presión

La presión es un parámetro de la escritura que nos aporta información sobre la fortaleza física y espiritual, la constancia, la fuerza de voluntad y la capacidad de resistencia.

Cuando la firma se encuentra menos presionada que el texto indica que la persona tiene un «yo íntimo» más débil, el sujeto muestra mayor resistencia en el entorno social y tiene mayor debilidad en sus relaciones íntimas.

Cuando la firma se encuentra más presionada que el texto, la persona muestra un comportamiento más conciliador, pacífico y paciente con el entorno social; por otro lado, muestra mayor fortaleza, brusquedad y carácter en sus relaciones más cercanas.

Cambios en la inclinación

La inclinación es un parámetro que mide el grado de afectividad de las personas, es decir, el modo en que un sujeto expresa sus emociones.

Cuando se observan cambios en la inclinación entre el texto y la firma, esto nos indica que la persona no manifiesta sus emociones del mismo modo en la esfera social o en la espera familiar.

- **Cuando el texto es centrado y la firma se inclina a la derecha,** esto nos indica que la persona es más cariñosa e impetuosa con el entorno íntimo, y más fría y controladora en el entorno social o manifiesto.

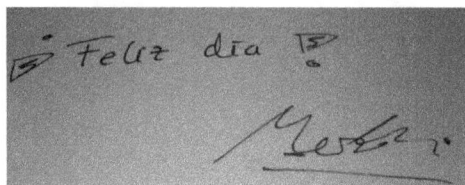

* Las letras de la firma oscilan hacia la zona de la derecha del papel, mientras que el texto se encuentra sin a penas oscilaciones.

- **Cuando el texto centrado y la firma se inclina a la izquierda:** Nos muestra una persona controladora y fría a la hora de expresar sus emociones en la esfera familiar o íntima, menos reservada y más abierta en la esfera social.

- **Cuando el texto es progresivo y la firma es centrada:** Estos cambios son habituales en firmas de actores. La persona tiene facilidad para manifestar lo que siente con relaciones superficiales, a pesar de no ser una persona tan emocional y afectiva. Indica mayor control y cautela en el entorno íntimo y mayor impulso con personas desconocidas.

- **Cuando el texto es progresivo y la firma regresiva:** Estas alternancias son menos habituales, ya que nos indica que la persona es extrovertida, pasional e impetuosa con el entorno social y las relaciones superficiales, y que sin embargo es reservada y retraída en el entorno íntimo. Esta peculiaridad también es frecuente en actores o personas que trabajan de cara al público. Son personas con facilidad para simular afectos que no sienten.

- **Cuando el texto es regresivo y la firma es centrada:** Esta ambivalencia indica que la persona es introvertida en la esfera social y menos reservada en el plano íntimo, es un cambio que se suele dar con mayor facilidad.

- **Cuando el texto es regresivo y la firma es progresiva:** Señala que la persona es tímida en el entorno social, pero extrovertida y pasional en el entorno íntimo. Es un rasgo que también define un temperamento volátil y cambiante.

Discrepancias en la cohesión

La cohesión es un factor de la escritura que nos aporta información sobre el nivel social o la necesidad de contacto con el medio. Es un parámetro que no siempre se puede ver con claridad en la firma, pero que nos aporta bastante información sobre el nivel de independencia o dependencia del autor.

- **Cuando se dan mayores uniones en el texto que en la firma,** estamos ante una persona que busca contactos superficiales y disfruta sociabilizándose, pero que en el plano íntimo necesita momentos de soledad e independencia.

- **Cuando la firma se encuentra más ligada que el texto** nos encontramos ante una situación frecuente que manifiesta que la persona es selectiva y reservada en el plano social, pero que en el plano íntimo se siente más cómoda y abierta para relacionarse y entregarse a nivel emocional.

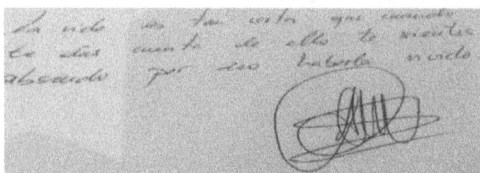

La firma se ha ejecutado sin levantar el útil, mientras que el texto presenta las letras desligadas y levantamientos de útil.

Cambios en la forma

La forma de la letra nos indica el nivel emocional o racional de una persona.

- **Cuando la firma es curva y el texto anguloso,** señala que la persona es emocional y sensible, pero que en la esfera social aparenta tener una imagen más brusca y racional.
- **Cuando la firma es angulosa y el texto es curvo,** indica que el sujeto es racional y terco con su entorno más cercano, pero que en la esfera social muestra un trato cordial, dulce, carismático y diplomático.

TEXTO CURVO Y FIRMA ANGULOSA

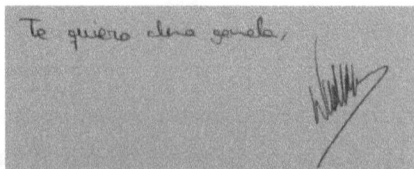

La legibilidad o ilegibilidad de la firma

Una firma legible es aquella que no presenta dificultades para entenderla, es un rasgo positivo siempre que se escriba con espontaneidad.

La firma es un espejo de nuestra personalidad; por lo tanto, hablar de legibilidad es un factor que habla de transparencia y franqueza de carácter.

Son firmas frecuentes en cartas o notas a amigos o familiares próximos, y habituales en niños.

En adultos, las firmas legibles indican seguridad, autoestima adecuada, personas cercanas y directas.

Las firmas ilegibles son aquellas que poseen recorridos extraños y complicados que dificultan que se entienda su lectura. Este tipo de firmas nos muestra un carácter complicado, misterioso y desconfiado.

La Rúbrica
El termómetro del miedo

La rúbrica es un trazo que sirve de envoltura; se trata de un auténtico dibujo libre. Es denominado por el grafólogo Carlos Rodríguez como «el termómetro del miedo», porque a mayor rúbrica, mayor miedo a ser descubierto o mostrarse tal y como es. Simboliza la protección hacia el medio y las inseguridades del autor. Es importante apreciar si la rúbrica es angulosa, curva, si tacha el nombre o si no lo tapa.

El hecho de hacer rúbrica o no guarda cierta relación con la cultura gráfica. Por ejemplo, en España es habitual hacer rúbrica, pero en los países de cultura anglosajona es menos frecuente.

Las rúbricas pueden ser sencillas o complicadas. Cuando la rúbrica es sencilla es síntoma de confianza y seguridad, la persona se muestra tal como es; cuando es complicada señala mayor misterio, introversión y dificultad para mostrar su lado más íntimo.

Tipos de rúbrica

Rúbricas curvas

Las rúbricas que presentan trazos curvos nos muestran sensibilidad y carisma. La persona se guía por el corazón en su entorno familiar y personal.

Rúbricas angulosas

Los ángulos muestran fortaleza, racionalidad, constancia. Una rúbrica que presente trazos angulosos nos muestra un temperamento que se entrega al deber y reprime la parte emocional, pudiendo llegar a ser brusco y exigente.

Las rúbricas angulosas generan aristas. Estas pueden ir hacia la zona de la izquierda o de la derecha, y según las zonas donde se generan dichos ángulos nos va aportar una información diferente.

Cuando los ángulos aparecen en la zona de la izquierda, indica que la persona se exige mucho a sí misma. Muestran perfección e imposición a uno mismo.

RÚBRICA ANGULOSA
HACIA LA IZQUIERDA

Si por el contrario, las aristas se generan en la zona de la derecha indica que el sujeto tiende a «echar balones fuera», poca autocrítica con uno mismo, buscando la culpa en el exterior.

RÚBRICA ANGULOSA
HACIA LA DERECHA

* Firma del criminal, sectario y músico Charles Manson conocido por liderar «la familia Manson».

La firma de Charles Manson presentaba aristas en la zona de la derecha combinado con letras curvas, lo que revela que era una persona misteriosa, controladora y agresiva con el entorno. Una agresividad que disfrazaba tras una apariencia persuasiva y manipuladora.

RÚBRICA ANGULOSA HACIA LA DERECHA

Cuando las aristas se generan en la zona de la izquierda y la derecha, simbolizan exigencia con uno mismo y con los otros. La persona impone a los demás lo mismo que se reclama a sí misma, pudiendo llegar a ser perfeccionista e inflexible.

RÚBRICA ANGULOSA HACIA LA IZQUIERDA

Cuando las aristas se ejecutan en las zonas superiores de la rúbrica, manifiestan rebeldía, imposición de ideas, terquedad en los pensamientos.

Cuando las aristas aparecen en las zonas inferiores de la rúbrica, indican represión de la parte instintiva, brusquedad, combatividad.

RÚBRICA ANGULOSA HACIA ABAJO

Rúbrica en zigzag

Tipo de rúbrica que forma trazos que oscilan hacia las zonas de la izquierda y la derecha de manera ágil y veloz, como si se estuviera escribiendo una letra «z».

Este tipo de rúbricas es propio de individuos con agilidad mental, un carácter comercial, camaleónico y convincente.

Rúbrica ascendente

Trazos que se ejecutan hacia la zona superior del papel formando la rúbrica que compone la firma.

RÚBRICA ASCENDENTE

Cuando dichos rasgos, además de ser ascendentes, son curvos, se forma lo que algunos autores también denominan como rúbricas en forma de «bolsas».

Una rúbrica ascendente nos muestra imaginación, creatividad, dotes de liderazgo e idealismo.

Si hay líneas que cortan las bolsas, ocurre que la persona limita su propia imaginación, como si las ideas que se ocurriesen no las viera en ocasiones prácticas o realistas. Personas con tendencia a crear, pero con consciencia y pragmatismo para saber que ideas puede ejecutar. Imaginación con una base realista.

RÚBRICA ASCENDENTE CON BOLSAS QUE SE CORTAN

Rúbrica descendente

Trazos que descienden ocupando las zonas inferiores del papel. Este tipo de rúbrica refleja un temperamento realista, instintivo, escéptico y con tendencia a disfrutar de los placeres primarios.

RÚBRICA DESCENDENTE

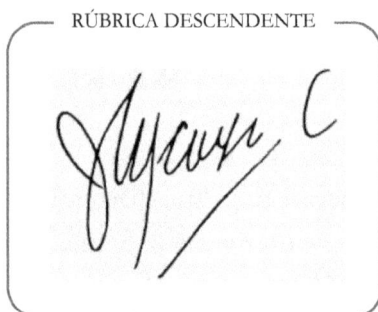

Rúbrica en lazada

Tipo de rúbrica que se genera con bucles entrelazados tras un cruce de trazos.

Este tipo de rúbricas nos muestran simpatía, seducción, don de gentes, cordialidad, coquetería.

RÚBRICA EN LAZADA

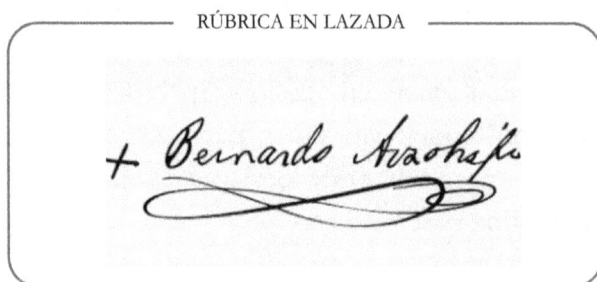

Rúbrica en raíles o rúbrica en carril

Aquella en la que aparecen dos líneas rectas, una por encima y otra por debajo de la firma. Indica constancia, planificación, personas organizadas.

Firma sin rubricar

Cuando no se hace rúbrica son varias las posibilidades; por un lado es habitual si la persona es anglosajona, ya que en dichos países es frecuente no hacer rúbrica.

Si, por el contrario, la persona procede de un país donde se tiende a hacer rúbrica, manifiesta cierta ingenuidad y transparencia hacia los familiares o amigos. Personas que se entregan de manera generosa con sus allegados más próximos.

FIRMA SIN RUBRICAR

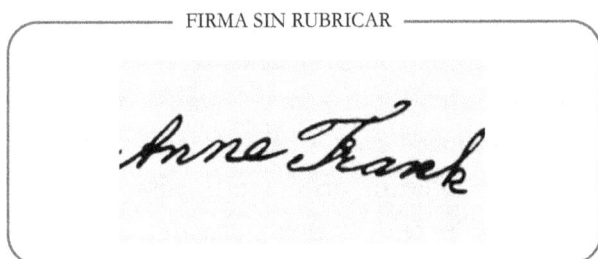

* **Firma de Ana Frank**

Ana Frank no ejecutaba rúbrica en su firma, propio de personas procedentes de la cultura anglosajona. No obstante, su letra con formas curvas en sentido descendente manifiesta un temperamento sensible y melancólico, con debilidad en el momento en que ejecutó el escrito.

Rúbricas por adelantado

Tipos de rúbrica que se ejecutan antes de empezar a escribir. Dicho gesto describe un temperamento organizado, con capacidad para planificar y ejecutar tareas.

Subrayar la firma

El subrayar la firma se interpreta como que el autor busca una base firme sobre la que apoyarse. También puede indicar un deseo más o menos explícito de aplauso y reconocimiento.

FIRMA SUBRAYADA

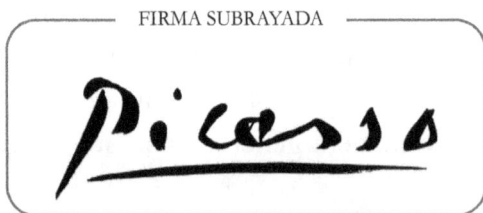

* Firma del pintor y escultor Pablo Picasso.

La rúbrica de Pablo Picasso se ejecutaba con un subrayado, lo que manifiesta esa necesidad de consideración. El hecho de firmar únicamente con el apellido y subrayando el mismo, señala que esa búsqueda de reconocimiento procede del plano profesional.

Rodear la firma. Firmas envolventes

Si la rúbrica rodea la firma señala que el autor intenta proteger la personalidad; es un rasgo que señala defensa frente al medio y necesidad de respaldar a los suyos.

Rúbricas complicadas

A mayor complejidad de rúbrica, mayor misterio, introversión y facilidad para liar las cosas. Si es curva indica capacidad persuasiva y de convicción; si es angulosa, imposición de ideas y terquedad.

La escritura y la firma en los zurdos

Hasta hace poco, creencias erróneas y absurdas, sin una base lógica, consideraban a los zurdos como personas con problemas y se les enseñaba a escribir en los colegios con la mano derecha. Esta idea ha evolucionado y actualmente a nadie se le ocurre corregir a los niños para que escriban con una u otra mano, dándoles libertad para que escriban con la mano que ellos prefieran.

Algunos autores parten de la idea de que no existen diferencias entre la escritura de los diestros o los zurdos, para no provocar la diferenciación entre los mismos. No obstante, después de varias letras analizadas, he podido comprobar que hay determinados rasgos que aparecen con frecuencia, y que pueden dar lugar a interpretaciones erróneas sobre el carácter de un sujeto.

Los rasgos comunes en la escritura de los zurdos

— Separación entre palabras
— Torsiones o tachones
— Oscilaciones en la inclinación de las letras
— Trazos ejecutados al revés
— Rasgos regresivos
— Situación de la firma

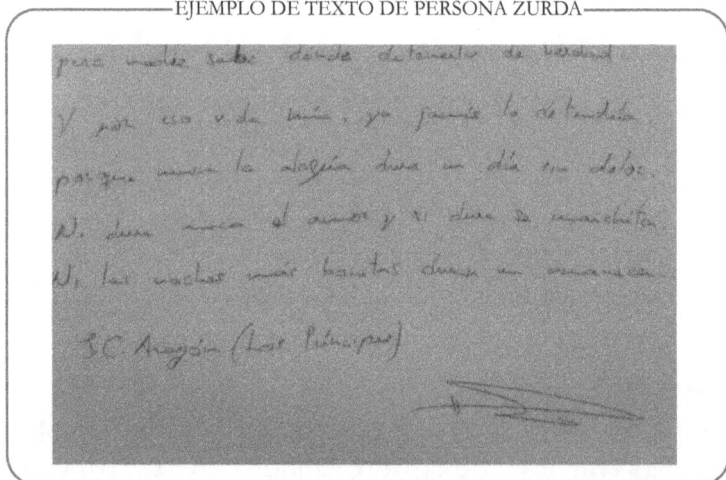

En el caso de la firma, es habitual que trazos que habitualmente aparecen las zonas de la derecha como son los adornos aparezcan en la izquierda, porque son las zonas donde la persona zurda finaliza la firma a diferencia de los diestros.

No obstante, cualquier adorno que se haga a la rúbrica es un trazo que indica consciencia, racionalidad, detallismo y observación. Por lo tanto, en este caso guarda la misma simbología.

Dado que la marcha habitual de los zurdos es de derecha a izquierda, es normal que aparezcan trazos regresivos. No obstante, no tendría la misma interpretación que en la escritura de una persona diestra; en este caso nos mostraría un temperamento con una actitud realizadora y menos anclada al pasado o nostálgica.

Pequeñas diferenciaciones que conviene tener en cuenta para poder calificar el temperamento de una persona de manera justa y equitativa.

Dime cómo escribes y te diré cómo eres

La grafología y el autoconocimiento

Cuando la gente me pide que analice su letra, a menudo observo cierto miedo o rechazo a que les pueda sacar sus debilidades o defectos, esperando que solo obtenga conclusiones positivas sobre su verdadera personalidad. No obstante, creo que es malsano intentar solo ver el lado bueno de una persona; todos tenemos virtudes y defectos, y descubrir nuestra verdadera personalidad es un lujo al que no todos están dispuestos a acceder.

Tenemos mucho miedo a ser juzgados o poco valorados, y es fundamental dedicar tiempo a conocernos, escucharnos y pararnos a pensar porque actuamos de un modo u otro; en definitiva, considero que es sano aprender a conocernos.

La grafología es una llave que nos permite abrir nuestra mente para acercarnos a nosotros mismos y encontrar nuestra esencia. Es un espejo que nos permite alcanzar el autoconocimiento.

Con un deseo de simplificar y reflejar ciertos rasgos que ya he explicado anteriormente, quiero dedicar este capítulo a través de claros ejemplos y rasgos muy marcados a que podáis identificaros y conoceros. Comprobadlo; os sorprenderéis.

Los sensibles

La sensibilidad es un rasgo del carácter que permite captar con intensidad todo lo que sucede. Se aprecia con cambios en la inclinación o direc-

ción (letras oscilantes), formas curvas y temblores, por esa tendencia a dejarse llevar por lo que el sujeto se siente en cada momento. En el caso de la firma se manifiesta con rúbricas y formas curvas.

Los egocéntricos

Son personas que quieren llamar la atención. El egocentrismo busca alcanzar visibilidad sin ningún tipo de interés, es una manera inconsciente de buscar afecto o reconocimiento por parte del entorno.

Se caracterizan por tener letras extremadamente grandes, trazos exagerados, mayúsculas infladas y óvalos abiertos.

* Firma de Elvis Presley

Los humildes

La humildad es un rasgo que caracteriza a un sujeto por carecer de soberbia. La escritura de los humildes muestra letras rebajadas, pequeñas y una letra normal con tendencia a pequeña. En la firma pueden aparecer tachones en el nombre por esa idea de no mostrar sus virtudes o logros.

EJEMPLO DE HUMILDE

Los pacíficos

Las personas pacíficas buscan el equilibrio, la conciliación y la tranquilidad.

Su letra tiene una inclinación centrada, formas curvas, presión normal con tendencia a fina y distancia entre renglones.

EJEMPLO DE PACÍFICO

Los diplomáticos

La diplomacia es la habilidad que tienen algunas personas para comunicarse con sutileza y cordialidad. La escritura de los diplomáticos se caracteriza por tener formas curvas, óvalos cerrados y a veces se pueden encontrar gestos tipo como lazadas y bucles.

EJEMPLO DE DIPLOMÁTICO

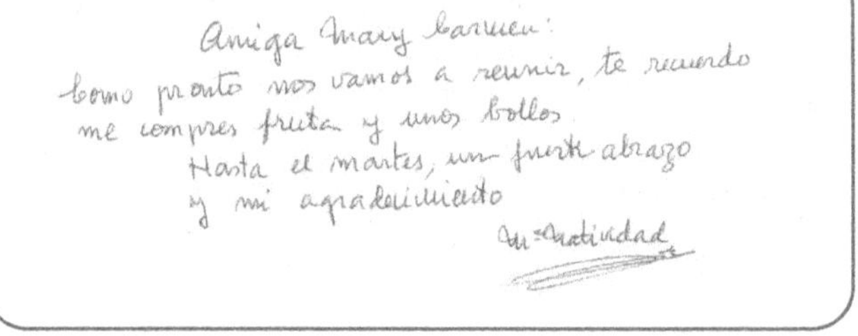

[Imagen: nota manuscrita]

Los familiares

Las personas familiares son aquellas que disfrutan con la familia, son sujetos que luchan por los suyos y por la unidad entre sus seres queridos.

La firma de dichas personas posee trazos que oscilan hacía la zona de la izquierda, con un deseo de mirar al origen. También es habitual encontrarnos la letra «m» en forma de arco, cerrando la letra por la zona superior del papel, propio de sujetos protectores y cuidadores de sus allegados más próximos.

EJEMPLO DE FAMILIAR

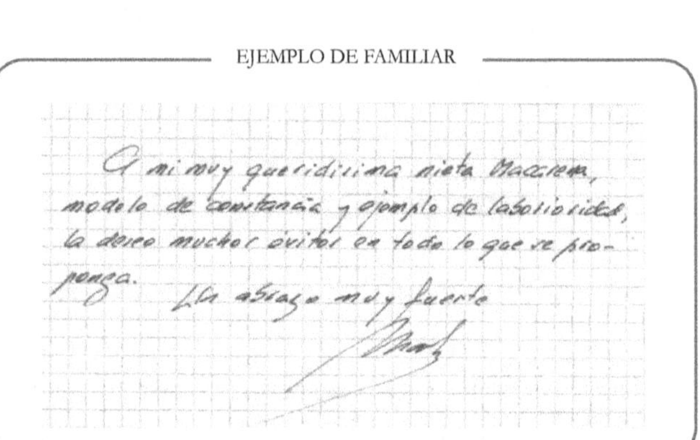

[Imagen: nota manuscrita]

Los impulsivos

La impulsividad es una actitud humana propia de personas que actúan de manera pasional e irreflexiva.

La letra de los impulsivos posee letras inclinadas hacia la zona de la derecha, una escritura ligada, veloz y rápida, llegando a veces a deformar algunas de sus letras. Como gestos tipo es frecuente que aparezca el golpe de sable y el rasgo del procurador.

EJEMPLO DE IMPULSIVO

* Letra del poeta Walt Whitman

Las letras del poeta oscilan hacia la zona de la derecha del papel, ligando la mayor parte de ellas, propio de personas que se dejan llevar por sus emociones, de un manera apasionada y lanzada.

Los tercos

La terquedad consiste en tener dificultad para ceder o cambiar de actitud, a pesar de que otras personas tengan argumentos convincentes en su contra.

La grafía de los tercos se caracteriza por tener letras muy presionadas, formas angulosas principalmente en las crestas de las letras, aparición de ángulos, triángulos y una inclinación progresiva de las letras.

La firma de Adolf Hitler presentaba formas angulosas que oscilaban hacia la zona de la derecha del papel y una presión fuerte, propio de sujetos que sienten sus argumentos

como únicos y verdaderos y los defienden de manera violenta y obstinada.

Los desconfiados

La desconfianza es la falta de confianza en los demás. Tienen también una actitud protectora hacía sí mismos. En el caso de la firma de los desconfiados aparecen rúbricas envolventes protegiendo parte de la firma, por esa necesidad de proteger a los suyos y cuidar su lado más indefenso. Es habitual encontrar firmas compuestas por solo rúbricas. Como gesto tipo es frecuente que aparezca el rasgo del procurador ocupando las zonas finales del papel.

Los observadores

Los observadores tienen la habilidad para analizar y contemplar de manera minuciosa todo tipo de detalles.

La grafía de los observadores se caracteriza por ser pequeña o normal, con tendencia a pequeña, lenta, desligada y con detalles. Es importante apreciar cómo ejecutan el punto de la letra «i» de manera centrada y guardando la distancia adecuada. En la firma es habitual que aparezcan adornos y detalles.

Los rencorosos

Los rencorosos son sujetos que tienen dificultad para olvidar los daños, guardando en su memoria lo que le afecta con resentimiento y persistencia. Su grafía presenta formas angulosas en la zona de la izquierda, presión fuerte o pastosa. También es frecuente que aparezcan algunos gestos tipo como el rasgo del escorpión.

EJEMPLO DE RENCOROSO

Los volátiles

Los sujetos cambiantes o volátiles son aquellos que se caracterizan por tener labilidad emocional, es decir, alternancia en la manera de pensar y actuar, dejándose llevar por el presente.

Su grafía se caracteriza por tener formas curvas en las zonas superiores e inferiores del papel y letras oscilantes. También es frecuente que cambien con facilidad la firma o la letra en periodos cortos de tiempo.

Los fríos

Las personas frías son aquellas que tienen dificultad para expresar sus emociones. Su letra presenta una escritura centrada, con formas angulosas en los pies de las letras, una

EJEMPLO DE FRÍO

grafía cuidada y lenta con trazos muy controlados.

Los cariñosos

Las personas cariñosas, a diferencia de las frías, necesitan mostrar sus emociones y sentimientos a los suyos.

EJEMPLO DE CARIÑOSO

Presentan una escritura ligada e inclinada hacia la zona de la derecha, con predominio de formas curvas.

Los lógicos

Las personas con un pensamiento lógico se caracterizan por la necesidad de desencadenar una conclusión con una causa, necesitan una ra-

EJEMPLO DE LÓGICO

zón o explicación lógica a todo tipo de decisiones. Por eso se atribuye una letra ligada a un pensamiento lógico, por esa necesidad de unir argumentos o razones. Es frecuente que también aparezcan puntos o detalles que reflejan un temperamento racional.

Los intuitivos

Los sujetos intuitivos, a diferencia de los que tienen un pensamiento lógico, no necesitan una causa o explicación para llegar a una conclusión. Son personas que se dejan llevar por sus corazonadas sin explicación lógica o racional. Por eso su letra es desligada o fraccionada, y con formas curvas por esa elevada carga emocional e independencia de razones para llegar a un argumento.

EJEMPLO DE INTUITIVO

Los rebeldes

Las personas rebeldes son aquellas que presentan una actitud combativa frente a las órdenes, cuestionando todo tipo de pautas o límites. Su grafía presenta formas angu-

EJEMPLO DE REBELDE

losas en las crestas de las letras, letra «b» con una barra alta, y otro rasgo habitual es ejecutar la firma en dos planos dejando el nombre propio por encima del primer apellido.

Los coquetos

Son sujetos presumidos que les gusta cuidar su aspecto físico, exhibir sus encantos y agradar. Su letra presenta formas curvas, lazadas, bucles, letras en forma de espiral y

puntos de la «i» inflados. Suelen ser letras estéticas.

Los tajantes

Las personas tajantes son aquellas que tienden a cortar a los otros; son personas combativas, concluyentes y con capacidad de síntesis.

Su grafía se caracteriza por concluir con puntos marcados, subrayados y una inclinación centrada de las letras.

* Firma de Diana de Gales

La firma de Diana de Gales finalizaba con un punto y una rúbrica sencilla en forma de subrayado, propio de personas concluyentes, con habilidad para acortar situaciones. Las formas curvas señalarían una elevada carga emocional.

Dime cómo escribes y te diré si te contrato

Grafología para empresas

La grafología es una herramienta que también se ha utilizado en recursos humanos. Es un método práctico para descubrir las ambiciones, la personalidad y el comportamiento de un sujeto en el trabajo.

En España todavía se cuenta con pocos grafólogos en la esfera laboral. Sin embargo, en otros países europeos como Francia se utiliza en la mayoría de las empresas.

¿En qué consiste la prueba grafológica de las empresas?

La prueba que hacen los grafólogos en las empresas consiste en:

— Escribir en un folio en blanco sin renglones ni cuadrículas, que limiten a la persona un texto que ocupe una cara.
— Utilizar el tipo de útil al que esté más habituada la persona, ya sea un bolígrafo o pluma, pero jamás utilizar lápiz o rotulador.
— El texto que debe escribir debe ser inventado, evitar dictados para dar libertad a la persona a la hora de escribir. Cuanta más libertad demos a la persona, más rasgos del inconsciente y espontaneidad podremos encontrar.
— Firmar al finalizar el texto.

¿En qué rasgos se fija un grafólogo en selección de personal en las empresas?

El primer rasgo en el que nos fijamos es en el **tamaño de los pies o crestas de las letras y el tamaño de las mayúsculas**. Dichos trazos nos aportaran información sobre las ambiciones de la persona, si es un sujeto que está mejor cualificado para la parte creativa o para ejecutar tareas en un trabajo; la letra mayúscula, por su parte, nos informará sobre la autoestima del individuo.

Las dos letras claves fundamentales en grafología empresarial, y que aportan valor a los grafólogos, son la **letra «f» y la letra «t»**. La letra «f», nos contará qué ambiciones motivan a la persona, y la letra «t» nos contará el grado de sumisión o liderazgo del sujeto y cuál es el grado de tolerancia hacia la autoridad.

El tercer rasgo en el que nos debemos fijar es la **colocación de la firma en el papel con respecto al texto**, así como en **el primer apellido de la firma**. En el caso de que la persona no lo escriba, nos dará información sobre la importancia que el individuo no da a la parte profesional.

El texto y los parámetros de su escritura también son primordiales, adquiriendo el texto un papel importante para el análisis, al contarnos cómo es el comportamiento social de la persona en la esfera social y profesional.

En el caso de los gestos tipo debemos dar importancia a algunos de ellos, como el **golpe de sable, el golpe de látigo, las rúbricas en zigzag, las lazadas, los bucles o los inflados.**

Todos estos rasgos son pautas generales e importantes para un grafólogo que quiera analizar a una persona, con el fin de acceder a un determinado puesto de trabajo. Pero también es importante fijarnos en otros rasgos en función del puesto de trabajo al que la persona quiera acceder. Es decir, no nos fijaremos en los mismos parámetros si la persona está siendo analizada para acceder a un puesto de comercial, que si está siendo analizada para un puesto de creativo.

En grafología es necesario analizar todo el conjunto del escrito de una persona, para definir su temperamento, pero detallando algunos rasgos básicos que os darán algunas pistas para ayudar y motivar a un trabajador en un determinado puesto de trabajo.

La letra de los creativos

Los creativos de las empresas son aquellas personas que tienen habilidades para generar nuevas ideas en la empresa. Son personas que tienen que tener capacidad para imaginar o crear; son **diseñadores, publicistas, guionistas o emprendedores**, y sienten motivación con nuevos proyectos que consistan en crear. **Su letra posee crestas infladas y de gran tamaño, una letra «f» con una cresta de mayor tamaño que el pie de la le-**

tra, **formas curvas y rúbricas que ocupen las zonas
superiores del papel, así
como una dirección ascen-
dente de las líneas.**

INICIAL CON ZONAS
SUPERIORES MARCADAS

LETRA F CON
CRESTA INFLADA

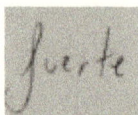

DIRECCIÓN ASCENDENTE

La letra de los ejecutivos

Los puestos ejecutivos son aquellos que tienen habilidad
para llevar a la práctica todo tipo de ideas que proceden
por parte de los creativos. Son los **secretarios, econo-
mistas, aparejadores, técnicos, etc.**

Son personas prácticas y terrenales, a las que les motivará
tener una estabilidad económica. **Su grafía se caracteriza por tener unos pies de las letras prolongados y
una barra de «t» normal o baja por esa facilidad para
acatar órdenes.**

EJEMPLO DE EJECUTIVO

La letra de los directivos

Son aquellos que tienen facilidad para crear y ejecutar, es decir, para crear ideas y llevarlas a la práctica, ideas realistas que deben encajar con las necesidades y recursos de una empresa.

Su escritura es **sobrealzada, aparece un aumento prolongado de los pies y crestas de las letras, barras de «t» altas por esa capacidad para liderar.** Como gestos tipo suelen

EJEMPLO DE DIRECTIVO

aparecer en la rúbrica de la firma el golpe de látigo o el golpe de sable, con cierta propensión a ocupar las zonas superiores e inferiores del papel.

La letra de los comerciales

Los comerciales son sujetos que tienen facultad para vender un servicio o producto. Son personas que tie-

EJEMPLO DE COMERCIAL

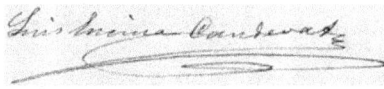

nen habilidades sociales y capacidad de persuasión. **Su escritura se caracteriza por tener letras ligadas, apertura de óvalos de la letra «a» para establecer una comunicación superficial con el entorno, letras con formas curvas y rúbricas en zigzag.**

La letra de los *freelance*

Son personas que realizan trabajos de manera autónoma, estableciendo sus horarios de acuerdo a sus necesidades y las de sus clientes. Son **profesiones como *community manager*, fotógrafos, peritos, diseñadores gráficos** o cualquier puesto que la persona desee realizar de manera independiente, buscando su propia autonomía y sus propios clientes. **Su grafía destaca por tener letras desligadas y renglones espaciados por esa necesidad de trabajar en soledad.** La escritura debe ser desligada de manera total, sin falsas uniones ni letras adosadas, ya que por el contrario estaría señalando que la persona sufre en soledad.

EJEMPLO DE FREELANCE

Sudadera de Primark o
vestido de Armani...

La letra de los médicos

Es habitual encontrarnos con letras de médicos ilegibles y filiformes que van deformándose a medida que escriben la receta de un paciente. **Su grafía es rápida, ligada y sintetizada como consecuencia de una impaciencia e inquietud científica, agilidad mental, racionalidad y sobreactividad.**

La letra de los trabajadores

Las personas trabajadoras se caracterizan por ser constantes en su profesión y capaces de sacrificar tiempo de ocio para trabajar. **Su escritura se caracteriza por tener formas angulosas, presión fuerte de las letras y firmas donde se de mayor importancia al primer apellido que al nombre. Como gesto tipo es frecuente que aparezca el golpe de sable.**

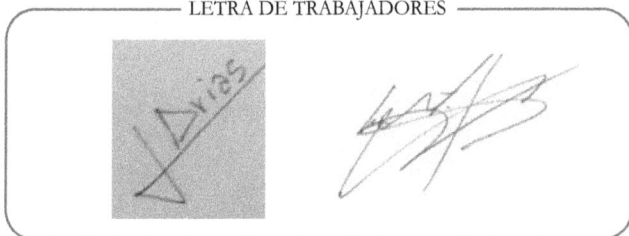

LETRA DE TRABAJADORES

La letra de los perezosos

La gente perezosa es aquella que muestra desgana en el ejercicio de su profesión, sujetos poco ambiciosos y vagos. **Su letra se**

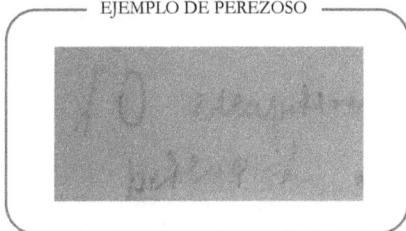

EJEMPLO DE PEREZOSO

caracteriza por tener una dirección descendente de los renglones, presión muy fina y formas curvas. La firma se caracteriza por escribirse solo el nombre de pila, ya que el sujeto solo muestra interés en el plano personal, dejando al margen el profesional.

La letra de los obedientes

Son personas que prefieren ser dirigidas antes que mandar. La escritura de «los bien mandaos» **es una escritura normal con tendencia a pequeña, una escritura rebajada o chata sin a penas pies o crestas de las letras, con una barra de «t» baja. Son personas poco ambiciosas, a las que les motivará un trabajo cómodo y con un buen horario.**

EJEMPLO DE OBEDIENTE

encoder, no puedo

Dime cómo escribes y te diré si me caso

Grafología y las emociones

La grafología también se ha usado en informes de compatibilidad de pareja; es un modo de conocernos a nosotros mismos y a nuestro compañero sentimental.

Todavía recuerdo cuando una amiga que estaba empezando a salir con un chico me enseñó una carta de amor que le había escrito. Al ver los trazos que componían la grafía de aquella carta le dije con mucha mano izquierda que no me gustaban los rasgos que veía, que aquel chico me parecía una persona mentirosa e interesada. Mi amiga en ese momento se enfadó y me dio a entender que la grafología no es una herramienta factible. A los pocos meses me llamó llorando y se disculpó. Me dijo que el chico estaba casado y estaba engañando a su esposa con ella, y es ahí cuando comprobé una vez más que la grafología no defraudaba. Desde entonces, mi amiga me pide informes de compatibilidad de pareja antes de iniciar cualquier tipo de relación.

Os he hablado de la grafología y el autoconocimiento, pero lo cierto es que **la grafología también es una puerta que nos permite comprender a nuestra pareja.** Creemos que conocemos a la perfección a nuestro compañero sentimental, pero la decepción, las peleas y las separaciones son muchas veces consecuencia del desconocimiento, ya sea por no conocer a nuestra pareja o por no conocernos a nosotros mismos.

El amor experimenta varias fases. Al principio tendemos a exaltar las virtudes del otro, pero a medida que pasa el tiempo se va desenmascarando ese ideal de amor y es cuando nos damos cuenta de que quizás esa persona no es lo que nosotros queremos en nuestra vida. Es difícil aceptar a una persona con sus virtudes y defectos, y también es complicado conocerla por mucho tiempo que pasemos con ella. Habrá sucesos o experiencias que nosotros no podremos comprender porque no los hemos vivido ni nos hemos puesto en sus zapatos, sucesos que nos marcan y que condicionan notoriamente nuestra manera de comportarnos en las relaciones sentimentales.

Nos han dicho por activa y por pasiva que hay que «amar al prójimo como a ti mismo», que «debemos querernos a nosotros para poder querer al otro», pero no nos dicen cómo debemos amar, comprender y aprender a convivir. **La grafología emocional no nos enseña a amar, pero nos muestra las virtudes y defectos del otro, su comportamiento, su sensibilidad, su sexualidad, su comportamiento social e íntimo, sus ambiciones, la vinculación con su familia de origen, etc. En definitiva, es un puente que nos conduce al entendimiento emocional.**

¿Qué necesitamos para hacer un informe de compatibilidad de pareja?

Necesitamos **un escrito nuestro y otro de nuestra pareja. Cada escritura debe analizarse por separado. Hay que escribir por una cara en un folio en blanco y finalizar con una firma.** El tipo de útil con el que debemos escribir puede ser bolígrafo o pluma y nunca se deben usar lápices o rotuladores. En el caso de los informes de compatibilidad de pareja también es interesante aportar alguna carta de amor de la pareja, o alguna carta que nosotros hayamos escrito, ya que las cartas de amor nos pueden aportar información sobre las intenciones de la persona y cómo se encontraba, o el estado emocional en el que se encontraba en el momento en el que se escribió dicha carta.

¿En qué rasgos se fija un grafólogo en un informe de compatibilidad de pareja?

La firma. En este caso adquiere mayor importancia que el texto, ya que nos aporta información sobre el comportamiento íntimo del autor. No obstante, existen otros trazos de gran valor que forman parte del texto, como **la inclinación de la escritura** para conocer el modo en que cada uno expresa sus emociones, **el tamaño de la letra mayúscula**, que nos permite saber la autoestima de ambos, **la forma de la letra** para conocer la carga emocional o racional que poseen, y también nos fijamos en algunas de las letras clave como **la letra «m»,** que manifiesta el modo en que cada uno expresa o comparte las emociones, la **letra «g»,** que aporta información sobre la sexualidad, la **letra «t»,** para saber si las personas ceden o controlan a nivel emocional, y la **letra «c»,** para conocer la afectividad o necesidad de dar cariño.

Para hacer un informe grafológico de compatibilidad de pareja cogemos ambas muestras gráficas y observamos en qué rasgos coinciden y en cuáles no. No es bueno que coincidan muchos, porque nos estaría señalando que son personas con caracteres similares, y el hecho de ser parecidos no es compatible. Tampoco es bueno que no coincidan en casi ninguno, porque indicarían que podrían tener dificultades para comprenderse. Lo ideal es que compartan algunos rasgos y otros no, de manera equitativa, para que puedan tener mayor facilidad de complicidad en la pareja.

FIRMA DE JOHN KENNEDY

FIRMA DE JACQUELINE KENNEDY

Para hacer un análisis de compatibilidad de pareja del expresidente de los Estados Unidos, John Kennedy, y de su esposa Jacqueline a través de su letra, lo primero que debemos hacer es analizar cada firma por separado.

La letra de John Kennedy se caracterizaba por tener una inclinación progresiva de las letras, cohesión ligada, formas mixtas y mayúsculas de gran tamaño.

La escritura de Jacqueline Kennedy, sin embargo, tenía letras desligadas, formas curvas, y una escritura centrada sin oscilaciones.

Aparecen algunas **similitudes como mayúsculas de gran tamaño y la colocación del nombre y el apellido en el mismo nivel.** Dichas semejanzas indican que ambos poseían un fuerte orgullo y que daban la misma importancia al plano personal y profesional. El hecho de tener ambos un orgullo acentuado no es una similitud compatible, porque puede generar conflictos para llegar a ceder ante los problemas que puedan surgir en la pareja.

Las diferencias son abundantes; la escritura progresiva de John Kennedy nos muestra un temperamento pasional, impulsivo, con agilidad mental y dependencia frente al medio. Es una persona que necesita reconocimiento y aprobación del exterior, a diferencia de Jaqueline Kennedy, cuya letra describe un temperamento independiente, frío y vanidoso. Las formas curvas de su grafía nos indican que Jaqueline poseía una fuerte carga emocional, que cubría bajo una apariencia altiva y poco expresiva. Desde un punto de vista grafológico aparecen rasgos que muestran escasa compatibilidad a nivel de pareja, pero sin embargo pueden cooperar muy bien a nivel profesional. A nivel emocional se aprecia un espíritu poco comprometido por parte del expresidente, siendo propenso a la infidelidad, engaños que el orgullo y la frialdad de Jaqueline sufriría en silencio.

Esto sería un análisis de compatibilidad de pareja resumido. Lo importante es apreciar qué trazos coinciden y cuáles entran en discrepancia, para así ayudar a la pareja interesada a mostrar el reflejo de ambas personalidades.

Las cartas de amor

Cuando además de la firma y el texto nos aportan una **carta de amor** para hacer un informe de compatibilidad de pareja, es una muestra que nos indicará cómo se encontraba la persona en el momento en el que ejecutó dicha carta y las intenciones del remitente. Como dije al principio, **los grafólogos no nos fijamos en el contenido del escrito, los grafólogos analizamos los diferentes rasgos que componen un escrito y que de manera inconsciente plasman características de nuestra personalidad y estado de ánimo. Dejamos de leer para analizar la escritura.**

En una carta de amor es importante que apreciamos algunos rasgos que nos darán información sobre las emociones del remitente.

Colocación de la firma con respecto al texto en una carta de amor

En las cartas se suele hacer una firma amigable compuesta por solo el nombre o el apodo. Es importante observar la colocación de la firma con respecto al texto.

— Cuando la firma se coloca en la zona de la izquierda con respecto al texto de la carta, indica que el remitente siente nostalgia frente a esa relación, que recuerda momentos felices y a su vez una actitud retraída para iniciar una nueva relación. A veces puede señalar cierto rencor o una tendencia al reproche.

— Cuando la firma se coloca en la zona de la derecha con respecto al texto de la carta, nos muestra una personalidad impulsiva con ganas de disfrutar y facilidad para olvidar el pasado, personas aventureras con habilidad para volcarse en nuevas relaciones y con menos necesidad de compromiso.

— Cuando la firma se encuentra centrada con respecto al texto de la carta señala cierta necesidad de control, persona que domina las situaciones, hay cierta frialdad y una comunicación carente de espontaneidad en la expresión de sus emociones.

Si la firma que se hace en la carta de amor aparece alguno de los apellidos, indica que el remitente guarda cierta distancia con el receptor de la carta, lo habitual es que solo se escriba el nombre o el apodo, es decir, que se haga **una firma amigable** que indica apertura y cercanía.

Cartas de amor escritas en mayúsculas

Si el remitente considera que tiene una letra ilegible y escribe en mayúsculas para dar claridad a la carta, no es un rasgo significativo. Si la persona no suele escribir en mayúsculas y de repente escribe una carta de amor con todas las palabras en mayúsculas nos muestra una especie de coraza gráfica, deseos de aparentar una imagen más fuerte y segura de lo que realmente es. Una carta escrita en mayúscula carece de espontaneidad en las intenciones del autor.

Cartas de amor con tachones

Los tachones son un signo de inseguridad, no obstante, el hecho de encontrarlas en una carta de amor indica cierta espontaneidad en la ejecución del escrito, pero arrepentimiento de los sentimientos que ha querido reflejar en la carta. Es un signo de racionalidad y a la vez impulsividad, la persona escribe de manera espontánea lo que siente y después se arrepiente.

Cartas de amor excesivamente cuidadas y ordenadas

Cuando la letra de una carta se encuentra muy ordenada y sin apenas oscilaciones, tachones, alteraciones en alguno de los parámetros como puede ser el tamaño, la inclinación o la dirección, nos muestra un exceso por controlar y cuidar todo lo que se pretende reflejar, es una intención calculada de manifestar los sentimientos.

Cartas de amor con letras cambiantes

Cuando la carta presenta irregularidades en los parámetros de la escritura, es una señal de apertura a nivel emocional y espontaneidad, la persona escribe lo que siente en ese momento, si además las formas son curvas y aparece una inclinación progresiva de las letras, es una muestra directa de que la persona se guía por el corazón y se deja llevar por el momento. No obstante, también nos alarma de una personalidad volátil y con dificultad para comprometerse.

La grafología en el amor

Cuando realizamos un informe de compatibilidad de pareja a través del análisis de diferentes parámetros de la escritura y el estudio de la firma, podemos concluir algunos comportamientos que nos ayudan a conocer nuestras conductas en el amor.

Sabemos la sensación que sentimos cuando amamos y cuando somos amados, pero desconocemos cómo lo hacemos. Cuando los sentimientos nos empapan, actuamos de manera irreflexiva, y en ocasiones nos beneficia o perjudica en nuestras relaciones sentimentales. Comportamientos de los que no siempre somos conscientes y que manifestamos inconscientemente a nuestra pareja.

La escritura y la firma va cambiando a lo largo del tiempo, y muchos de esos cambios que reflejamos en un escrito guardan relación con sucesos que nos marcan a nivel emocional, experiencias que modifican nuestro comportamiento e incluso rasgos de nuestra personalidad.

En el caso de que podamos encontrar firmas nuestras o de una antigua pareja será beneficioso para el análisis, ya que a través de la evolución de la escritura podremos saber la evolución de nuestra personalidad o la de nuestro amante en las diferentes etapas de la vida. También se podrá conocer el vínculo que establecíamos con nuestros padres en los primeros años de vida, ya que son los primeros referentes masculinos o femeninos que tenemos y que por lo tanto podrán condicionar nuestras relaciones sentimentales.

Por eso quiero explicar determinados gestos reveladores a través de claros ejemplos, que aportan valor sobre nuestra personalidad o la de nuestra pareja en el plano íntimo.

Los seductores

La seducción es la capacidad para atraer o convencer a las personas provocando deseo y admiración en los otros. Las personas seductoras tienen habilidad para encandilar a los otros.

La letra de los seductores se caracteriza por la presencia de formas curvas , bucles en forma de lazada y óvalos abier-

— EJEMPLO DE SEDUCTOR —

tos. La curva expresa dulzura, sensualidad y diplomacia. Cualidades que atraen al entorno.

Los románticos

Las personas románticas son aquellas con tendencia a soñar o exaltar el ideal del amor. A los románticos les gusta manifestar lo que sienten con gestos generosos y cariñosos.

Su letra posee formas curvas, con crestas infladas por esa tendencia de idealizar y perderse en la fantasía ocupando las zonas superiores del papel.

EJEMPLO DE ROMÁNTICO

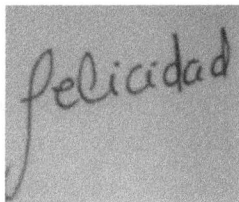

Los aventureros

Los aventureros viven el amor con espontaneidad e instinto. Son sujetos que se dejan llevar por el momento y viven el amor con intensidad. Sin embargo, suelen ser personas menos comprometidas, para ellos el amor es pasión y riesgo.

La letra de los aventureros presenta **una inclinación progresiva de las letras, pies prolongados, dirección ascendente de las líneas y guirnaldas. Es escritura rápida por esa propensión a actuar de manera impulsiva y elocuente.**

EJEMPLO DE AVENTURERO

* Letra del torero Juan Belmonte

La escritura del torero Juan Belmonte es un claro ejemplo de una grafía que muestra un temperamento pasional. Su letra mostraba una personalidad aventurera y arriesgada en el amor, pero con dificultad para comprometerse.

Los celosos

Los celos son una reacción emocional que aparecen cuando una persona siente inseguridad por miedo a que su pareja le reste atención o le sea desleal. Es una sensación que todos en mayor o menos medida podemos experimentar, un sentimiento que algunos manifiestan y otros sufren en silencio.

La escritura de las personas celosas se caracteriza por tener una letra compuesta por la presencia de algunos rasgos como rúbricas envolventes que mani-

EJEMPLO DE CELOSO

fiestan esa necesidad de acaparar y proteger, pies prolongados, puntos o adornos al final de la firma, presencia de algunos gestos tipo como ganchos o arpones que indican apropiación y demanda de afectos y una inclinación regresiva o centrada de las letras por esa tendencia a controlar o retraerse a nivel emocional.

Los comprometidos

Son personas que les gusta involucrarse en una relación, establecer un compromiso legal y serio. Disfrutan con las relaciones largas, les gusta compartir y temen a la soledad.

Su escritura se caracteriza por tener letras ligadas, formas mixtas y una inclinación vertical de las letras, por esa necesidad de guardar orden y equilibrio en su vida. No obstante, pueden aparecer algunos trazos que reflejen inseguridad como mayúsculas de tamaño pequeño, letras adosadas o falsas uniones, como consecuencia del miedo que les provoca estar solos.

EJEMPLO DE COMPROMETIDO

Los bohemios

Los bohemios prefieren vivir el amor de una manera libre, sin ataduras ni compromisos que limiten su libertad.

Viven el amor de una manera poco convencional, y a diferencia de los comprometidos que tienen miedo a la soledad, ellos tienen miedo al compromiso.

Su letra presenta letras desligadas, guirnaldas y crestas prolongadas, ocupando las zonas superiores del papel, por esa conexión con la parte espiritual e idealista, teniendo la necesidad de perderse en su fantasía.

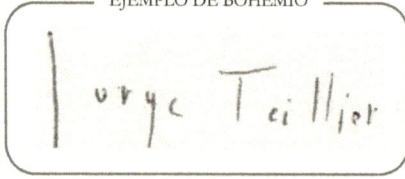

* Firma del poeta Jorge Teillier

La escritura del poeta chileno Jorge Teillier tenía las letras completamente desligadas, propio de personas que quieren su espacio e independencia. Buscando momentos de soledad.

Los infieles

La infidelidad es la falta de compromiso en una relación sentimental. Es muy complicado catalogar a una persona según su letra como infiel o fiel, ya que hay personas que han podido ser infieles en ca-

EJEMPLO DE INFIEL

sos puntuales o ante una crisis sentimental, pero que en otras relaciones han sido leales a su pareja. La infidelidad está también condicionada por la cultura de una persona como ocurre en la cultura árabe en la que está bien visto que un hombre tenga varias mujeres, pero sin embargo en España está mal considerado y se catalogaría a esa persona como traicionera.

No obstante, hay sujetos que independientemente de su cultura son personas que tienen dificultad para ser fieles o cumplir cualquier tipo de compromiso, siendo infieles a cualquier persona. Este tipo de personas pueden presentar **algunos rasgos en su grafía como nudos gráficos por esa tendencia a mentir y ocultar, también pueden aparecer letras ligadas por esa necesidad de contacto con los otros, inclinación progresiva y pies prolongados especialmente en la letra "g" como consecuencia de un instinto desarrollado y dependencia sexual.**

Los leales

Se entiende por personas leales a aquellos sujetos que actúan con transparencia y generosidad, acompañando a su pareja o a las personas más allegadas cuando lo necesitan.

Las personas leales suelen tener una letra espontanea con la aparición de algunos gestos tipo como las guirnaldas, apertura de óvalos y por lo general suelen presentar firmas claras

EJEMPLO DE LEAL

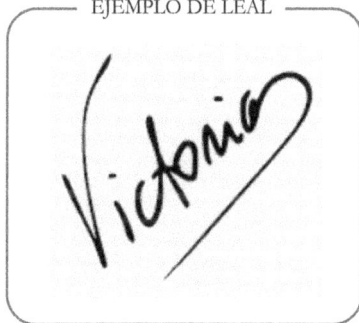

sin rúbricas complicadas. Otro rasgo habitual es prolongar la parte derecha de algunas de las letras , por esa tendencia a entregarse a los otros.

Los nostálgicos

La nostalgia es una sensación que genera melancolía ante la ausencia o perdida de un ser querido. Las personas nostálgicas tienden a sufrir y a vivir con intensidad las pérdidas, anclándose en el pasado presentando dificultad para olvidar un amor que termina.

Su grafía se caracteriza por la presencia de formas curvas y escritura regresiva, inclinando las letras hacia la izquierda. También aparecen rúbricas que descienden o en sentido regresivo por esa dependencia y vinculación al pasado.

EJEMPLO DE NOSTÁLGICO

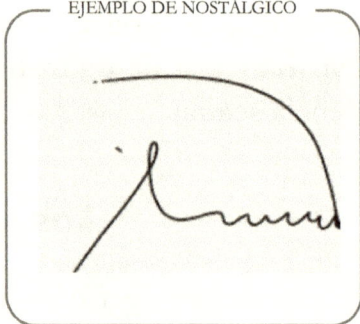

Todos estos rasgos descritos son pequeñas pistas para que podáis conoceros o conocer a otros a nivel emocional, pero como dije, es necesario hacer un análisis global de toda la letra en conjunto para llegar a una valoración justa y certera.

¿Qué datos nos aporta un informe grafológico? ¿Qué nos enseña la grafología?

La grafología es un camino de sabiduría y conocimiento personal que nos permite descubrir los rasgos más inherentes e inconscientes de uno mismo o de aquellos que nos rodean.

A través de ella podemos conocer varios aspectos de la personalidad y del carácter de una persona, tales como su comportamiento íntimo o social, su grado de emotividad, afectividad, sus ambiciones, el trato con los otros, el tipo de pensamiento y la autoestima. También nos permite descubrir el estado de ánimo de un sujeto, para ayudar a todos aquellos que se encuentran en un momento anímicamente bajo a enfocar su vida de otra manera.

Resumiendo todos los parámetros y elementos de la escritura descritos, quiero concluir con todos los aspectos destacados que podemos encontrar:

— **Emotividad y afectividad.** El nivel emocional de un sujeto, la carga sensitiva y la manera en la que manifiesta sus sentimientos. La emotividad y afectividad se reflejan en el tamaño de la letra, la forma, la inclinación, la cohesión, la letra «m», la forma de la firma y la rúbrica.

— **Ambiciones y fuerza de voluntad**. La constancia, la fortaleza física y espiritual, la entrega al deber, las aspiraciones. Todo ello lo vemos en la presión de la escritura, el tamaño de los pies y crestas de las letras. La forma de la letra, la dirección y velocidad de la grafía.

— **Tipo de pensamiento, razonamiento e inteligencia**. El tipo de pensamiento de un individuo, la racionalidad o intuición, aparece reflejado en la cohesión de la escritura.

— **Comportamiento social**. La manera con la que nos comportamos con los otros aparece reflejada en el texto de la escritura en su conjunto y en algunos parámetros como la cohesión de la letra y la apertura o cierre de la letra «a» minúscula.

— **Comportamiento íntimo**. El modo en el que tratamos a nuestros allegados más próximos aparece principalmente reflejado en la firma y en todos los elementos que la componen. También es importante apreciar la apertura de la letra «o» minúscula.

— **La autoestima**. El autoconcepto de sí mismo se encuentra en el tamaño de las letras, principalmente en el tamaño de las mayúsculas y en la firma y los elementos que la componen.

— **Estado anímico**. El modo en el que nos encontramos lo podemos localizar en los parámetros más inestables de todos que son la dirección de los renglones y presión de la escritura.

— **Sexualidad y sensualidad**. El instinto sexual, la capacidad de atracción o seducción aparecen reflejado en la letra «g», la cohesión de las letras, la forma y el tamaño de los pies de la grafía.

— **Creatividad.** La capacidad para idear y crear se plasma en el tamaño de las crestas de las letras y en la firma, así como en la tendencia a ocupar las zonas superiores del papel.

— **Grado de dependencia e independencia con el entorno.** La manera en la que nos relacionamos y la necesidad de contacto se manifiesta en la cohesión de la escritura y la firma de su autor.

Todos los rasgos descritos se encuentran en la escritura de cualquier sujeto a través de los parámetros mencionados.

Desde un punto de vista empresarial, no solo sirve para la selección de personal en una empresa, sino que también es una manera de aprender a valorar las capacidades de un empleado y motivarle para que su rendimiento laboral sea lo mejor posible.

A nivel emocional, es una apertura para empatizar con nuestra pareja y ser conscientes de nuestras debilidades o fortalezas a nivel sentimental, para enfocar nuestra vida amorosa hacia un nivel de amor profundo y sano.

Mi intención, a través de este libro, es daros la oportunidad de aprender los rasgos básicos de la grafología, de una manera ilustrativa, divertida y clara, para que sirva de apertura y apoyo para el crecimiento personal. **La grafología es el espejo de nuestra alma, ilustrado en un papel.**

Fuentes bibliográficas

- Método de enseñanza y análisis del Instituto de Psicografología y Peritación de Madrid.

- José Javier Simón (1994) *Grafología Fácil.* Madrid. Ediciones Temas de Hoy, ESOTERIKA.

LA ORDEN DE AYALA
ESCUELA ESOTÉRICA
WWW.LAORDENDEAYALA.COM

Patrocinio

La escuela esotérica y de terapias alternativas nace por la demanda de muchas personas que se han acercado a nosotros durante los más de doce años que llevamos abiertos, con la intención de obtener conocimiento serio y profesional sobre las diferentes temáticas que tratamos habitualmente desde nuestros establecimientos.

La **Orden de Ayala** de una manera más fácil y cercana quiere ofrecer conocimientos a todo aquel que desee recibirlos en una escuela dedicada casi en su totalidad a impartir clases, talleres, master class, cursos etc., no solamente en nuestros centros, sino también en nuestro campus virtual. Además, abre sus puertas a presentaciones de libros, y exposiciones entre otras actividades. Un espacio abierto que nos mostrará poco a poco conocimientos y saberes de todo el mundo.

Web: **www.laordendeayala.com**
Tlfno: **918 320 023 / 914 501 824**
Móvil: **600 796 447**